KRIEG UND FRIEDEN

Ein Tagebuch

KRIEG UND FRIEDEN

Ein Tagebuch

Herausgegeben von Tigran Petrosyan
taz Panter Stiftung

edition.fotoTAPETA____*Flugschrift*

INHALT

BEWUSSTSEIN DER GEGENWART

Elke Schmitter

Nationen führen Kriege; Menschen verlieren ihre Kinder, ihr Haus, ihren Verstand. Und Journalist:innen verlieren ihre Arbeit, gerade dann, wenn sie am dringendsten gebraucht wird: Wenn die Nachrichten aus Propaganda bestehen, wenn Informationen von Staats wegen eingeschränkt oder verfälscht werden – und wenn das Publikum sich daran gewöhnt, wenn „Narrative" die Wahrheit nach und nach ersetzen.

Dagegen hilft nur Pressefreiheit.

Die taz Panter Stiftung unterstützt den kritischen Journalismus, dafür wurde sie vor 14 Jahren gegründet. Also hat sie im März das kollektive Tagebuch „Krieg und Frieden" ermöglicht: Damit Reporter, Essayistinnen, Profis des Wortes und der Rerecherche, im russischen Krieg gegen die Ukraine von ihren Erfahrungen – zuhause, auf der Flucht wie im Exil – berichten und einander lesen können. Denn ihre Texte aus neun Ländern, die unmittelbar oder auch nachbarlich betroffen sind, werden alle auch in die lingua franca der Region, ins Russische übersetzt. So wird füreinander konkret, über Grenzen und Systeme hinweg, was der Krieg jeweils bedeutet. Was er mit den Körpern, den Seelen, dem Gewissen und den Gedanken macht, wo er Protest oder Schweigen, Gefängnis oder Bunker oder Gefahr bedeutet, welche Debatten er auslöst oder erstickt. Mit jedem Eintrag in dieses kollektive Tagebuch kommt eine neue Erfahrung, eine neue Perspektive hinzu, und es werden neue Netze gesponnen – eben solche Netze, an denen Nationalismus und Krieg stetig zerren und reißen.

So ist es inzwischen bemerkenswert, dass, bis auf eine ukrainische Autorin, alle Teilnehmer:innen dieses Projekts in diesem Buch auftreten wollen. Ihre Texte knüpfen Verbindungen zwischen Opfern und Beteiligten – und den hiesigen Leser:innen, die das Privileg haben, sich entscheiden zu können: wie beteiligt sie überhaupt sein wollen, ob und wie sie Anteil nehmen und sich engagieren. Alle Autor:innen dieses Buches schreiben ins Ungewisse. Gewiss ist nur, dass der Krieg ihr Leben ändert; oft mit Gewalt und unmittelbar, manchmal subtiler, durch neue Sorgen und Bedrängnisse, durch Einsichten, auf die man lieber verzichtet hätte oder durch Ahnungen, von denen man gehofft hat, dass sie sich nicht bestätigen. Eine wichtige Gemeinsamkeit ist, dass sie mit diesem kollektiven Tagebuch der Gegenwart ihre persönliche Anschauung geben.

Und dass sie ihre Arbeit machen können. Denn ohne kritischen Journalismus gibt es nur einen Haufen Einzelner, keine Gesellschaft und kein Bewusstsein der Gegenwart. In jedem Land, im Frieden wie im Krieg, und erst recht über Landesgrenzen hinaus.

Elke Schmitter ist Kuratoriumsmitglied der taz Panter Stiftung.

JOURNALIST:INNEN GEHÖR VERSCHAFFEN

Tigran Petrosyan

Kurz nachdem der Krieg in der Ukraine begann, saß ich mit meiner Kollegin und Freundin Anastasia Magasowa in einer Bar in Berlin Kreuzberg. Wir bestellen keinen Weißwein, wie wir das sonst immer tun. Als die Kellnerin kommt, deutet Magasowa auf einen Whisky in der Karte und teilt mir mit, sie werde in die Ukraine fahren, so schnell wie möglich. Ihr Land rufe nach ihr und sie könne nicht schweigen, wenn jeden Tag unschuldige Menschen in den Tod gerissen würden.

Magasowa ist auf der Krim geboren und aufgewachsen. 2014 hat sie im Zuge der Annexion der ukrainischen Halbinsel durch Russland die Krim verlassen. Sie weiß daher nur allzu gut, was der Verlust von Heimat bedeutet. Schon bald nach unserem Treffen kam aus Kyjiw, ihr erster Tagebucheintrag: „Erst kürzlich war ich an so einem Ort, an dem eine Rakete herunter kam. Sie fiel in den Hof einer Wohnsiedlung. Auf einen Schlag waren sechs Häuser zerstört: vier fünfstöckige Wohnhäuser, eine Schule und ein Kindergarten. Innerhalb einer Sekunde war damit das alte Leben von Hunderten Menschen einfach weg."

Seit dem 24. Februar 2022 führt Russlands Präsident Wladimir Putin einen erbarmungslosen Krieg gegen die Ukraine. Doch der Krieg tobt auch an der Heimatfront: Mutige Stimmen in Russland, die gegen das Regime aufbegehren, werden gewaltsam zum Schweigen gebracht – mit welchen Mitteln auch immer. Eine freie Meinungsäußerung unabhängiger Medien gibt es in Russland – bis auf wenige Ausnahmen – de facto nicht mehr. Zahlreiche Journalist:innen haben das Land bereits verlassen oder wurden zu „ausländischen Agenten" gemacht – mit entsprechenden juristischen Konsequenzen.

So beschreibt die russische Journalistin Olga Lizunkova in ihrem Tagebuch die Situation in ihrem Land: „Wenn du die Macht unterstützt, bist du ein *Watnik* (Schimpfwort für Russ:innen, die an die Propaganda ihrer Regierung glauben, A. d. Ü.). Wenn du die Staatsmacht nicht unterstützt, bist du ein Verräter. Wenn du nicht protestierst, bist du ein Feigling. Und wenn du auf die Straße gehst, dann bist du ein Verbrecher."

Auch in den Nachfolgestaaten der Sowjetunion verfolgen viele Menschen die jüngsten Entwicklungen mit wachsender Unruhe. Was kommt als Nächstes?

Im März 2022 hat die taz Panter Stiftung das Tagebuch-Projekt „Krieg und Frieden" gestartet. Ziel war und ist es, das Kriegsgeschehen und dessen Bedeutung für das alltägliche Leben aus ganz unterschiedlichen Perspektiven zu dokumentieren und zu begleiten. Es geht darum, Journalist:innen Gehör zu verschaffen, die versuchen, sich dem schier übermächtigen Propagandaapparat und wachsendem Hass entgegen zu stellen. Und es ist ein Versuch, allen Widrigkeiten zum Trotz, Kommunikationskanäle über Ländergrenzen hinweg aufrecht zu erhalten.

Das ist beileibe kein leichtes Unterfangen. Denn es scheint schwierig, ja fast unmöglich angesichts des andauernden Krieges, unparteiisch zu bleiben – besonders dann, wenn man seine Auswirkungen tagtäglich hautnah am eigenen Leib erfährt.

Doch es funktioniert – die Tagebücher sind ein Beweis dafür. Seit März 2022 liefern Journalist:innen aus der Ukraine, Russland und Belarus, aber auch aus dem Südkaukasus und dem Baltikum mehrmals wöchentlich mit ihren Tagebuchberichten Einblicke aus erster Hand – auf Deutsch und auf Russisch.

Beteiligt sind 16 Autor:innen aus der Ukraine, Russland, Belarus, aus Armenien und Georgien, aus Estland, Lettland, Moldau und Kirgistan.

Sie schreiben von der Front, von ihrem Leben zwischen Bomben und Leichen sowie von ihrer Flucht. Sie schreiben aus Kellern und Bunkern und aus dem Exil. Sie berichten aus ihren Wohnungen in Moskau und Minsk und müssen jeden Tag fürchten, vom Geheimdienst abgeholt zu werden, weil sie die Wahrheit sagen. Deswegen schreiben einige Autor:innen unter Pseudonym.

Doch sie wollen schreiben. Für sie ist es auch eine Art Therapie – getragen von der Hoffnung, dass ihre Stimmen gelesen und somit gehört werden.

Sie schreiben über Freundschaften, die zerbrochen sind, über Scham und Verzweiflung, über Erinnerungen ihrer Eltern an die Sowjetzeit und Erzählungen von Großeltern über den Zweiten Weltkrieg. Es sind Geschichten davon, wie die ausgehungerte Großmutter an einer Baumrinde knabbern musste, davon, wie man Kindern den Krieg erklärt und warum man in jeder schwierigen Situation in Russland sofort Buchweizen kauft.

Finanziert wird das Projekt von der taz Panter Stiftung. Seit 2011 führt die Stiftung Workshops zur Stärkung der Pressefreiheit und Zivilgesellschaft mit Journalist:innen aus Osteuropa durch. Viele der jetzigen Autor:innen der Tagebücher sind ehemalige Teilnehmer:innen dieser Workshops. Aber auch neue Autor:innen haben sich diesem Kreis jetzt angeschlossen – gegen den Krieg und für den Frieden.

Dr. Tigran Petrosyan ist Autor der taz und Leiter der Osteuropa-Projekte der taz Panter Stiftung.

Kyjiw, 9. März 2022

WIR WERDEN SIEGEN

Anastasia Magasowa

In Kyjiw verteidigt die Zivilbevölkerung gemeinsam mit der Armee die Stadt. Die Menschen bestärken und helfen sich gegenseitig.

Ich beginne dieses Tagebuch in Kyjiw zu schreiben, in den Vororten toben seit Tagen erbitterte Kämpfe. Russische Truppen, die am 24. Februar brutal in die Ukraine eingedrungen sind, versuchen die ukrainische Hauptstadt einzunehmen. Ich bin eine ukrainische Journalistin, seit zweieinhalb Jahren lebe ich in Berlin. Ich bin jetzt extra nach Kyjiw gefahren, um darüber zu berichten, wie der Kreml versucht, die Unabhängigkeit meines Landes zu zerstören.

Hunderttausende Menschen haben Kyjiw bereits verlassen. Die Situation ist sehr angespannt, doch noch immer unter Kontrolle. Jede/n, den oder die ich in Kyjiw getroffen habe, ist, unabhängig von Alter oder Geschlecht, zu allem entschlossen. Tausende Freiwillige haben sich den territorialen Verteidigungstruppen angeschlossen. Bis vor Kurzem waren sie noch Lehrer*innen oder Taxifahrer*innen. Heute bauen sie in der ganzen Stadt Barrikaden und sagen, dass sie bereit seien, sich den russischen Besatzern mit einer Waffe in der Hand entgegenzustellen.

An allen wichtigen Straßen sind Checkpoints eingerichtet, die jedes vorbeifahrende Auto kontrollieren. An einigen Stellen wurden Barrikaden aus Betonblöcken errichtet, an anderen Sandsäcke aufgeschichtet oder Busse und Straßenbahnen umgeworfen.

Obwohl die Kämpfe sich mit jedem Tag immer weiter der Stadt nähern und Flugabwehrsysteme täglich russische Raketen abschießen, will sich kein Gefühl von Panik einstellen. Nur der ständige Fliegeralarm hat die urbanen Geräusche abgelöst. In den vergangenen Tagen wurden diese Geräusche durch ein dumpfes Echo von Granaten ergänzt, die irgendwo explodierten. An diesem Morgen habe ich gesehen, wie die Luftabwehr zwei Raketen zerstört hat, die direkt über mein Haus geflogen sind.

Unter solchen Bedingungen versuchen alle einander zu helfen. Sie teilen Lebensmittel, die immer weniger werden, und wichtige Informationen. Jede Unterstützung, und sei sie auch nur moralisch, ist jetzt sehr wichtig. „Wir werden siegen", versichern wir uns am Ende eines jeden Gesprächs.

Vor Kurzem trafen russische Raketen bei einem Luftangriff auf Kyjiw den Fernsehturm. Ich habe das mit eigenen Augen gesehen. Der Fernsehturm hielt stand, Radio- und Fernsehempfang wurden innerhalb weniger Stunden wiederhergestellt. Bei diesem Beschuss am helllichten Tag wurden fünf Zivilisten getötet. Dies war kein weiterer Angriff auf eine militärische Einrichtung, wie die russische Propaganda behauptet. Das war ein Angriff auf die Freiheit des Wortes und das Recht auf Wahrheit – die Grundwerte eines demokratischen Staates.

Aus diesem Grund werden wir, meine Kolleg*innen und ich, in diesem Tagebuch über die Geschehnisse von vor Ort berichten. Damit Lügen und Desinformation über den russisch-ukrainischen Krieg nicht den Hauch einer Chance bekommen.

Aus dem Russischen von Barbara Oertel

Minsk, 11. März 2022

BELARUS UND DER KRIEG: AUF DER SEITE DER UKRAINE

Janka Belarus

Zum Krieg in der Ukraine gibt es zwei unterschiedliche Positionen: die der Belarussen und die der Lukaschenko-Anhänger.

Die Belarussen sind gegen den Krieg. In diesen Krieg ist nicht das belarussische Volk verstrickt, sondern ganz konkret *ein* Mensch in unserem Land: Alexander Lukaschenko. Leider hat genau dieser konkrete Mensch eine Armee. Im Sommer 2020 hatten wir noch gehofft, dass die Armee auf der Seite des Volkes stünde. Aber bedauerlicherweise ist sie sehr entschieden gegen das Volk.

Seit 2020 gibt es bei uns täglich Festnahmen, langjährige Haftstrafen für nichts und Hausdurchsuchungen, nach denen man die Wohnungen vermutlich leichter abfackeln als restaurieren kann. Die Armee ist bei uns der private Wachschutz eines konkreten, verrückten Soziopathen, der nicht einmal unser Präsident ist.

Darum empfinde ich es als kränkend, von Freunden zu hören, dass in anderen Ländern belarussische Flüchtlinge diskriminiert werden. Man weigert sich, ihnen Wohnungen zu vermieten, im Restaurant beschimpft man sie als Aggressoren. Wir verlassen unser Land, weil wir dort bereits das zweite Jahr in Folge drangsaliert werden.

Die, die weggegangen sind aus Belarus, sammeln jetzt Medikamente, Kleidung und Decken und haben schon ganze Lkw-Ladungen in die Ukraine gebracht. Wir führen einen Partisanenkrieg. Belarussen haben trotz des Risikos, dafür ins Gefängnis zu kommen, einen Sabotageakt verübt: Sie haben einen Teil der Eisenbahnlinie im Süden des Landes zerstört, damit dort keine russischen Panzer transportiert werden können. In einem Telegram-Kanal mit 27.000 Mitgliedern werden im Minutentakt Nachrichten von Menschen gepostet, die in der Nähe von Militärstützpunkten leben und über dort startende russische Flugzeuge und Raketen informieren.

Ich werde oft gefragt: „Janka, warum bist du immer noch in Belarus?" – „Weil ich sehe, was ich Sinnvolles für die Welt tun kann, wenn ich hier bleibe. Zum Beispiel solch einen Text wie diesen zu schreiben. Und nicht ich sollte von hier fortgehen …"

In den sozialen Netzwerken schrieben Belarussen in den ersten Kriegstagen: „Ich spreche mich dagegen aus, dass die Republik Belarus für eine Aggression gegen das brüderliche Volk der Ukraine genutzt wird!" Es gibt Belarussen und es gibt Lukaschisten. Belarussen möchten diesen Wahnsinn stoppen.

Allerdings führt Lukaschenko seine Armee bislang nicht in die Ukraine, und zwar nicht nur, weil er fürchtet, zum Paria der Weltgemeinschaft zu werden, sondern auch, weil unzählige belarussische Soldaten und Offiziere es ablehnen zu kämpfen.

Die Mehrheit der belarussischen Soldaten, die man in Richtung Ukraine in Marsch setzen wollte, ist gegen eine Kriegsteilnahme. Offiziere berichten, dass im Fall einer Grenzüberquerung ihr Leben in großer Gefahr wäre, weil die Soldaten die Waffen gegen sie richten würden. Eine Desertationswelle von belarussischen Soldaten wird vorausgesagt. Ich kenne persönlich Belarussen, die zurzeit in einer Freiwilligeneinheit auf der Seite der Ukraine kämpfen. Leider ist einer dieser wunderbaren Menschen bereits vor Kyjiw gefallen. Was sagen sie? „Wir werden hier [in der Ukraine] die Ordnung wiederherstellen und dann kommen wir mit unseren ukrainischen Brüdern zurück, um die Gerechtigkeit in Belarus wiederherzustellen!"

St. Petersburg, 12. März 2022

KRIEG BRINGT HASS IN DIE WELT

Olga Lizunkova

Müssen Russen sich schuldig fühlen? Wie verhalten sie sich jetzt angesichts des Krieges gegenüber ukrainischen Freunden? Und im eigenen Land?

Jeden Morgen wache ich in einer Welt auf, in der jeder jeden hasst. Um mit dem Zauberlehrling Harry Potter zu sprechen: Die Dementoren sind ihrem märchenhaften Gefängnis entkommen, und es bleibt kein Tropfen Freude übrig. Eine Freundin ruft an, sie ist Maskenbildnerin: „Olja, ich schäme mich zu arbeiten, wenn es so viel Trauer gibt. Und ich bewege mich in den sozialen Netzwerken und weine: Alle hassen uns." „Meine Liebe, so scheint es", sage ich.

Meine Freunde schreiben Sätze wie diese: „Das ist unsere gemeinsame Schuld." „Das wird uns nie verziehen." „Ich schäme mich für mein Land." In ganz St. Petersburg wurden Banner mit dem Symbol „Z" aufgehängt: Jetzt ist es ein Symbol der Unterstützung für die russische Armee. Graffiti mit den Worten „Nein zum Krieg!" hängen an Zäunen und Häusern. Einige bereuen öffentlich, andere beglückwünschen die russische Armee. Es ist die Hölle.

Kein Gericht könnte heutzutage so viele Urteile fällen, wie Menschen das gerade über andere tun. Wenn du jetzt gerade das Leben genießt, bist du gefühlskalt. Wenn du die Macht unterstützt, bist du ein *Watnik* (ein Schimpfwort für Russen, die an die Propaganda ihrer Regierung glauben; A.d.Ü.). Wenn du die Staatsmacht nicht unterstützt, bist du ein Verräter. Wenn du nicht protestierst, bist du ein Feigling. Und wenn du auf die Straße gehst, dann bist du ein Verbrecher. (In Russland wurden bereits Tausende Menschen, die gegen den Krieg demonstriert haben, festgenommen; A.d.Ü.)

Die Propaganda ist so billig, dass ich mich sogar für den Propagandisten schäme. Aber auf beiden Seiten der Grenze funktioniert das immer noch, nicht schlechter als Kanonen. Den Ukrainern und uns Russen wurde jahrelang beigebracht, einander zu hassen. Und ich muss zugeben, dass dies beiden Ländern recht gut gelungen ist. Während oben die Machthaber die Posten unter sich aufteilten, starben unten Liebe und Freundschaft. Doch jetzt ist ein Abszess geplatzt, und es will mir scheinen, dass infolgedessen nun die halbe Welt mit Hass überflutet wird.

Meine Verwandten, Klassenkameraden und Kollegen leben in der Ukraine. Und ich habe Angst, ihnen zu schreiben. Ich habe Angst, dass mein Mitgefühl eine Lawine der Feindseligkeit auslösen wird. Ich fürchte, sie erwarten, dass ich Buße tun werde.

Aber das, was passiert, habe ich mir nicht ausgesucht. Ich bin sehr verletzt und verängstigt, aber ich fühle keine Schuld oder Scham: weder für meine russische Staatsbürgerschaft noch für kluge und mitfühlende Menschen, von denen es so viele in meinem Land gibt. Wir alle wollen eindeutige Antworten: Wer hat Recht, wer hat Unrecht? Aber wir bekommen auf diese Fragen keine Antworten, es gibt nur hoffnungslose Dunkelheit und Ohnmacht.

Ich habe in all diesen letzten Tagen und Wochen nicht geweint, aber heute ist mir auf Youtube ein drei Jahre altes Video aufgefallen, ein soziales Experiment: Auf den Straßen von St. Petersburg umarmen Passanten einen Typen mit einem Schild: „Ich komme aus der Ukraine, lasst uns umarmen." Ich begann zu schluchzen und konnte nicht mehr aufhören: Denn mir kommt es gerade so vor, als ob wir uns nie wieder umarmen können.

Aus dem Russischen von Tigran Petrosyan

Lwiw, 15. März 2022

EINE STADT ZUM KURZ DURCHATMEN

Rostyslav Averchuk

Bis Kriegsbeginn war das westukrainische Lwiw ein Touristenmagnet. Jetzt ist das Zentrum leer, die Stadt aber ist voller Flüchtlinge.

Am 1. September 1939 begann der Zweite Weltkrieg. Mein Großvater, Soldat der polnischen Armee, Juri Maksimowitsch Averchuk, stand auf dem Bahnhof in Lemberg (heute ukrainisch Lwiw). Schon bald darauf trafen dort Flüchtlinge aus dem Westen ein, die vor der Armee des nationalsozialistischen Deutschlands geflohen waren. Wenn ich meinem Großvater zuhörte, wie er von dieser Zeit erzählte, konnte ich mir nicht vorstellen, dass es in Lwiw wieder Krieg geben würde.

Aber jetzt sehe ich schon Züge mit Flüchtlingen. Nur kommen sie dieses Mal aus östlicher Richtung. Aus Kyjiw, Charkiw und anderen Städten, die den Bombardierungen der russischen „Befreier" ausgeliefert sind. Für viele Neuankömmlinge war Lwiw früher die Stadt des Jazz, der kleinen Kaffeehäuser, der einzigartigen Architektur. Jetzt ist sie temporärer Schutzort, an dem man einmal kurz durchatmen kann.

An den ersten Kriegstagen waren die alten Straßen des Stadtzentrums leer. Nur wenige Cafés waren geöffnet, aber statt Musik und Gelächter herrschte dort Stille, die nur ab und zu vom Heulen einer Luftschutzsirene oder dem Martinshorn eines Krankenwagens durchbrochen wurde. Man könnte meinen, dass aktuell das Leben die Stadt verlassen hat. Doch der Schein trügt. Der Puls der Stadt ist jetzt nur nicht mehr im touristischen Stadtzentrum. Er schlägt am Bahnhof, an den Kontrollpunkten, in den Notunterkünften der Flüchtlinge. Die Theater und Museen der Stadt sind jetzt gefüllt mit Hilfslieferungen für die Neuankömmlinge und mit Paketen für die Front, die Freiwillige pausenlos dorthin transportieren.

Neben der Diana-Statue am Ringplatz, wo früher die Lwiwer donnerstags immer Tango tanzten, knüpfen jetzt Menschen Tarnnetze für Militärfahrzeuge. In der Nähe gibt ein Priester den Arbeitern Anweisungen. Sie verschließen die Fenster der Kirche in der alten russischen Gasse mit Brettern, um die Glasscheiben vor Druckwellen zu schützen. Einige Lwiwer verlassen die Stadt. Aber viele bleiben. Sie werden weiter den Flüchtlingen helfen, die Armee versorgen und sich darauf vorbereiten, die Stadt vor dem Feind zu schützen.

Während sich am ersten Kriegstag noch lange Schlangen vor den Bankautomaten bildeten, sind jetzt die längsten Schlangen vor den Waffenläden. Halbautomatische Karabiner, Jagdgewehre, günstige und teure Modelle – alles geht gerade weg wie warme Semmeln.

Lwiw ist eine gastfreundliche Stadt. Aber sie duldet keine Unhöflichkeit.

In der Bahn, 17. März 2022

FLUCHT AUS KYJIW: FROH, EINANDER ZU HABEN

Alexandr Babakov

Die Hauptstadt der Ukraine wird bombardiert. Wer kann, steigt in den Zug und geht. Aber das ist nicht so einfach.

Ich wache auf, weil Alja mich weckt und sagt, dass der Zug in einer Stunde ankommt. Wir hatten mit einer anderen Zeit gerechnet, weil sich die Fahrpläne gerade jeden Tag ändern.

Wir frühstücken schnell ein paar Käsebrote, dann laufen wir los zum Bahnhof Darnizja (Vorortbahnhof im gleichnamigen Kyjiwer Stadtteil; A. d. Ü.). Es schneit, wir haben kalte Hände, irgendwo aus weiter Entfernung heulen Sirenen, und wir schlendern, als wären wir auf einem leichten Lauf, mit Rucksäcken auf dem Rücken.

Am Bahnhof sagen sie uns, dass sie nur Frauen und Kinder in den Zug lassen würden. Alja steigt ein und sieht mich an, als warte sie darauf, dass ich auch einsteigen würde. Ich gehe zur Schaffnerin, die neben der Waggontür steht und die Menschen einsteigen lässt, und sage: „Ich bin mit diesem Mädchen hier“, und zeige auf Alja. Sie sieht mich an, dann Alja, dann wieder mich, und dann sagt sie halblaut: „Steig ein“. Ich renne los. Die Männer, die neben mir auf dem Bahnsteig stehen, schreien „Halt! Wo willst du hin?“ Und so in der Art. Aber ich bin schon im Zug, und es gibt für mich schon keinen Weg zurück.

Im Zug gibt es keine Sitzplätze mehr. Darum stehen wir oder sitzen im Gang. Als wir nicht mehr stehen können, bitten wir die Frau, die neben uns sitzt, um ihre Tasche und setzten uns darauf. Aber auch so kann man sich nicht ausruhen, die Beine schlafen ein, die Knie schmerzen, ich fühle mich wie ein Großvater, der mit zusammengebissenen Zähnen schweigt, während Müdigkeit und Ausweglosigkeit in seinem Blick liegen.

Der Zug ist voller Menschen, viele mit ihren Kindern und Haustieren. Höchstens zehn Männer sind darunter, Teenager und Alte nicht mitgerechnet. Viele Menschen haben Tränen in den Augen, einige wegen des Krieges, andere wegen der Sorge um ihre Angehörigen. Mit der Zeit trocknen die Tränen und lassen verschmierte Gesichter zurück. Blicke der Angst, Blicke der Erschöpfung, Blicke der Hoffnungslosigkeit. Blicke von Frauen mit Kindern, ohne Männer. Von Frauen mit Haustieren.

Neben mir sitzt eine Familie: Opa, Oma, Mann und Frau, Kinder. Sie wirken glücklich, niemand von ihnen weint. Nur die alten Leute haben von Zeit zu Zeit Angst in ihren Blicken. Ich sehe, wie die Frau und der Mann abwechselnd das Kleinkind auf dem Arm halten, ihre Augen strahlen. Sie sind froh, dass sie einander haben, dass sie zusammen sind, dass in diesem einen Moment alles gut ist.

Wladikawkas, 19. März 2022

DER KRIEG ENTZWEIT DIE NORDOSSETEN

Boris Epchiev

In Russland leben nicht nur Russen. Aber auch bei den anderen Nationalitäten im Land gibt es unterschiedliche Meinungen zu den aktuellen Ereignissen.

Russland – das sind nicht nur Russen. Hier leben auch Menschen Hunderter anderer Nationalitäten. Und obgleich für die ganze Welt alle Bewohner Russlands Russen sind, ist das bei Weitem nicht so. Ich bin Ossete und lebe in der Hauptstadt von Nordossetien, in Wladikawkas. Das ist Russland. Und alle meine Verwandten, nahe und weiter entfernte, alle meine Vorfahren, sind Bürger Russlands. Und bleiben das auch. (Auf Russisch unterscheidet man *russkije*, ethnische Russen, und *rossyjane*, Staatsangehörige Russlands; A. d. Ü.).

Es ist unser Land, mein Land. So wie das von vielen, vielen anderen: Kabardinern, Balkaren, Tschetschenen, Inguschen, Tscherkessen, Tataren, Baschkiren, Lesginen, Laken … So könnte ich noch lange aufzählen und würde trotzdem noch jemanden zu erwähnen vergessen.

Die Einstellungen hier in Ossetien zu dem, was in der Ukraine passiert, sind unterschiedlich. Die einen unterstützen den Krieg, die anderen nicht. Die, die ihn unterstützen sind mehr, auf jeden Fall sind sie sichtbarer. Sich jetzt öffentlich gegen den Krieg zu positionieren, ist schwierig. In den sozialen Netzwerken hat mittlerweile ein echtes Mobbing begonnen. Kürzlich wurde zum Beispiel bekannt, dass ein 20-jähriges Mädchen in Wladikawkas für Flugblätter gegen den Krieg eine Geldstrafe von umgerechnet etwa 100 Euro zahlen musste. In den Kommentaren wurde sie von offenbar ganz gewöhnlichen Menschen angegriffen, und es ist nicht bekannt, wie es ausgegangen wäre, wenn die Polizei ihren Namen öffentlich gemacht hätte.

Ich kenne keinen einzigen Menschen, der den Beschuss und die Bombardierung der Zivilbevölkerung in der Ukraine gutheißen würde. Hier in Ossetien ist dies schon deshalb nicht möglich, weil 2004 die ganze Welt Zeuge des entsetzlichen Terroranschlags in Beslan wurde (nordkaukasische Terroristen hielten in einer Schule drei Tage lang über tausend Geiseln, darunter viele Kinder, fest. Bei der Erstürmung durch russische Einsatzkräfte starben über 300 Menschen; A. d. Ü.)

Damals haben alle verstanden, was getötete Kinder in Friedenszeiten bedeuten. Darum versuchen jetzt sogar die, die für die „Spezialoperation Z" (so die offizielle russische Bezeichnung des Angriffskriegs auf die Ukraine; A. d. Ü.) sind, die Informationen über die Opfer in der Zivilbevölkerung zu verdrängen. Man versucht uns davon zu überzeugen, dass das alles Fake News seien. Und die Menschen glauben das, weil es einfacher ist.

Überall hängen Plakate mit dem Buchstaben Z, Politiker und andere Persönlichkeiten des öffentlichen Lebens versuchen, ihre Unterstützung zu demonstrieren. Aber ein Level darunter ist die Stimmung deutlich gedämpfter. Gleichzeitig ärgern sich viele auch über ukrainische Videos von toten russischen Soldaten. Sie sind so wütend, dass selbst diejenigen, die gegen den Krieg sind, sagen, dass sie bereit wären, in die Ukraine zu gehen, um sich zu rächen. Aber wie dem auch sei, niemand wünscht unseren Soldaten, unter denen Russen, Osseten, Inguschen und Dagestaner sind, den Tod.

Das Schwungrad des Hasses dreht sich jedoch immer schneller. Es anzuhalten wird schwer.

Minsk, 21. März 2022

DIE GEDULD DER MENSCHEN HAT GRENZEN

Janka Belarus

Die Entsendung eigener Truppen würde Lukaschenko endgültig zu einem politischen Leichnam machen. Einige Armeeangehörige haben sich längst geweigert.

Noch vor nicht allzu langer Zeit nahmen die Belarussen in den sozialen Netzwerken die kollektive Verantwortung dafür auf sich, dass russische Truppen ins Land kommen konnten: „Das machen sie. Aber mir ist es peinlich."

Aber wer hat die Einwohner der Städte Gomel und Chojniki danach gefragt, ob sie das Gerassel von Panzern und Kampfflugzeugen neben ihren Häusern hören wollen? Ein alter Mann hat das mit seiner Einzelmeinung einfach für alle entschieden.

Während die Menschen, die mit Antikriegsplakaten auf den Straßen demonstriert hatten, für 15 Tage ins Gefängnis kamen, bewegten sich zur gleichen Zeit russische Militärzüge mit Kampfausrüstung in Richtung Grenze. All diese Bewegungen werden in einem Telegram-Kanal live aufgezeichnet. Während der Kanal vor einer Woche noch 27.000 Abonnenten hatte, sind es gegenwärtig bereits 88.000.

Unter den Kommentierenden sind viele Ukrainer, die sich für die Operativ-Informationen bedanken. In unserem Computerzeitalter kann jeder militärischer Kundschafter werden, und Nachrichten verbreiten sich sehr schnell. Genau wie Fake News.

Kürzlich sagte Lukaschenko, dass zwei Tage zuvor von ukrainischem Staatsgebiet aus eine Rakete vom Typ Totschka-U in Richtung Belarus abgeschossen worden sei, die man aber habe abfangen können.

„Sie liegt irgendwo in Flussnähe. Wen es interessiert – gehen Sie gerne hin und schauen Sie es sich an." Wir gingen hin und schauten. Nichts. So was nennt man Faktencheck. Sollte Lukaschenko nach einem Vorwand für die Armee suchen, in der Ukraine einzumarschieren, muss er sich was Besseres einfallen lassen.

Zum einen hat Belarus gar keine große Armee. Und die, die wir haben, hat sich schon geweigert zu kämpfen. Die Armeeangehörigen sagen, dass sie sich lieber vor ein Militärgericht stellen lassen oder ins Gefängnis gehen als in den Tod. Die Offiziere schreiben in Berichten, dass sie Angst davor haben, dass, wenn sie die Grenze überqueren, ihre Soldaten entweder desertieren oder die Waffen gegen sie richten würden.

Zum anderen träumt Lukaschenko davon, Belarus zur Pufferzone zu machen und so vom Handel zwischen dem Westen und Russland zu profitieren. Naja, das wird ihm natürlich nicht gelingen. Die Entsendung seiner eigenen Truppen wird ihn endgültig zu einem politischen Leichnam machen.

Und vielleicht sogar zu Aufständen in den belarussischen Städten führen. Lukaschenko hat niemanden, mit dem er in den Krieg in der Ukraine ziehen könnte. Hinter ihm steht nicht das Volk, wie es in der Ukraine hinter Selenski steht.

Neulich habe ich Gemüse auf dem Markt gekauft und mich dabei mit der Verkäuferin unterhalten. Sie hat gesagt, dass sie ihren Sohn und ihren Mann nicht in den Krieg ziehen lässt, sondern dass sie auf die Straße gehen werden. Und zwar nicht mit Blumen in den Händen wie noch im Jahr 2020.

Bitte, glauben Sie nicht, dass Belarussen mit Putin oder Lukaschenko gleichzusetzen seien. Wir sind gegen das, was die verrückten Opas da losgetreten haben.

Kürzlich haben belarussische Partisanen nachts die Bahnstrecke Domanowo-Lesnaja lahmgelegt, indem sie Bahntechnik zerstörten. Die Militärzüge mit russischen Panzern konnten nur noch etwa 10-15 km/h fahren.

Und dabei sind wir noch nicht mal richtig böse geworden. Lukaschenko versteht nicht, dass er einen Bürgerkrieg entfesseln könnte. Die Geduld der Belarussen hat ihre Grenzen.

In den Geschäften von Minsk passieren jetzt auch interessante Dinge. Die Verkäuferin schreit, dass man sie nach den Preisen der Waren fragen muss, weil die in dem Laden täglich geändert werden. Im Schnitt sind die Preise um 30-40 Prozent gestiegen.

Mein Lieblingsmineralwasser hat noch vor zwei Wochen 1,99 Rubel gekostet, jetzt ist es schon bei 2,75 Rubel (umgerechnet von etwa 0,55 auf 0,75 Cent; A. d. Ü.). Und das, obwohl die Sanktionen Belarus noch gar nicht erreicht haben.

Aber die Belarussen machen bewusst Panik. Sie kaufen jetzt einfach Streichhölzer, Salz, Buchweizen und Mehl. Im Geschäft neben meinem Haus gab es kein Sonnenblumenöl, keine Hirse, keine Haferflocken und kein Soda mehr. Ich habe die letzten drei Tomatenkonserven aus dem Regal genommen. Während ich in der Kassenschlange stand, sah ich, dass alle vor mir Alkohol in ihren Einkaufskörben hatten.

Ich fühlte mich ein bisschen unwohl vor meinen Landsleuten. Und nahm eine Flasche Merlot aus Chile aus dem Regal. Weil es die noch zum alten Preis gab, für etwa drei Euro. Und weil nicht klar ist, ob es ihn später überhaupt noch geben wird. Und ich werde auf jeden Fall bis zum Ende dieses verrückten Krieges trinken wollen.

Odessa, 22. März 2022

„WENN ALLE ZUSAMMENSTEHEN"

Tatjana Milimko

Wie soll man Kindern den Krieg erklären? Unserer Autorin fällt nur ihre Definition von Frieden ein. Trotzdem versucht sie, die richtigen Worte zu finden.

Ich weiß noch immer nicht, wie man Kindern erklärt, was Krieg ist. Und ich habe für mich selbst noch nicht abschließend geklärt, wie man richtig mit ihnen darüber spricht. Ich verhalte mich intuitiv und sage mir immer wieder: „Jeder Krieg endet irgendwann. Wichtig ist vor allem, Mensch zu bleiben."

In den ersten Tagen der Bombardierungen herrschte Panik. Ich erklärte den Erwachsenen in meiner Umgebung streng, dass wir nicht laut weinen, nicht aus Angst vor den Schüssen schreien und nicht in Ohnmacht fallen sollten. Denn Kinder beobachten unser Verhalten und lernen daraus.

Bei jedem Sirenengeheul gingen wir alle gemeinsam gehorsam in den Keller. Alles, was wir taten, kommentierte ich: „Jetzt gehen wir in den Keller, weil es dort weniger gefährlich ist." – „Wir müssen vorbereitet sein, wissen, wo unsere Kleidung liegt, uns schnell anziehen und auch mitten in der Nacht aufstehen, weil wir gerade in einer besonderen Lebenssituation sind."

Unabhängig vom Verhalten der Erwachsenen hatten die Kinder aber doch große Angst. Sie schauten ja Tiktok-Videos. Und mehr noch als das Video vom Beschuss friedlicher Städte schmerzten dabei die widerwärtigen Witze der Russen, die in dem Video zu hören waren. Die Kinder sahen die Boshaftigkeit und den Spott von Menschen, deren Chef unserer Heimat den Krieg erklärt hatte. Kurz darauf musste ich meinen Söhnen erklären, was Verrat bedeutet.

Am Morgen des 1. März umarmte ich meine Jungs und sagte: „Meine Lieblinge, der Frühling ist da!" Sie warfen sich sofort in verschiedene Ecken ihrer Betten und schrien: „Sind sie schon da? Bombardieren sie uns?“... Es tut weh, so etwas zu hören.

Ich habe wunderbare Söhne. Sie lieben Tiere, und jedes Mal, wenn wir zum Schutz in den Keller gingen, schleppten sie alle Katzen der Nachbarschaft mit und riefen nach den Hunden. Ich versuche die ganze Zeit, ihnen die Panik zu nehmen. Ich erkläre, dass es normal ist, in unterschiedlichen Situationen unterschiedliche Gefühle zu haben.

Eine große Hilfe für meine Kinder war, dass ihre Lieblingsfußballer mit der ukrainischen Flagge aufs Spielfeld gekommen sind. Ich zeigte ihnen die Erklärung der UEFA. Ich zeigte ihnen, wie auch Real Madrid, FC Barcelona, Manchester City die Ukraine und meine kleinen Ukrainer unterstützen ...

Ich erzählte ihnen, dass ihr Lieblingsspieler İlkay Gündoğan auf ihrer Seite ist, ich zeigte ihnen die Tränen von Sintschenko, Mykolenko und anderen. Dann weinten wir gemeinsam. Ich zeigte ihnen Bilder der großen Demonstrationen mit Tausenden von Menschen in verschiedenen Ländern, darunter Deutschland. Das sollt ihr wissen! Wir sehen das! Und es hilft uns sehr.

Ich weiß immer noch nicht, wie man mit seinen Kindern über den Krieg spricht, aber ich weiß genau, wie man ihnen erklärt, was Frieden ist. Frieden ist, wenn alle zusammenstehen!

Lwiw, 26. März 2022

DER BESTE KELLER DER WELT

Roman Huba

Im westukrainischen Lwiw ist es noch verhältnismäßig ruhig. Aber Bombenalarm und Luftschutzräume gibt es auch hier.

Was wissen Sie über Keller? Haben Sie irgendwann schon mal versucht, Ihren Keller auf einer 5-Punkte-Skala zu bewerten? Wie viele Sterne bekäme er zusätzlich für Wasser und Belüftung? Ich zum Beispiel sitze gerade in einem 5-Sterne-Keller, obwohl weder das Hilton noch das Hyatt irgendwas von ihm wissen.

Es ist hier warm und gemütlich, es gibt Wasser und auch eine Steckdose. An manchen Stellen kommt man sogar ins Internet, was ihn wirklich ausgesprochen angenehm macht. Das einzige Problem an ihm ist, dass ich heute bereits zum sechsten Mal hinuntergegangen bin – und dieses Mal zum letzten Mal. Denken Sie nichts Schlimmes. Es ist bloß absolut sinnlos, sich im Zimmer zum Schlafen hinzulegen, wenn man schon nach ein oder zwei Stunden wieder in den Keller muss.

Heute hat es im Hinterland von Lwiw fünfmal Luftalarm gegeben. Insgesamt habe ich heute mehr als fünf Stunden unter der Erde verbracht. Aber das ist ein guter Deal – ein Viertel des Tages unter der Erde zu verbringen, um nicht für immer dort zu landen. An den Tagen davor war alles viel besser – „der russische Kriegswecker", wie ich ihn nenne, arbeitete kurz nach fünf Uhr morgens und sicherte scharfes, zuverlässiges Aufwachen.

Mein Keller hat nur ein technisches Manko – ich kann ihn nicht mit anderen teilen. Er wäre gerade sehr nützlich für meine Freundin aus Mariupol, eine junge Journalistin, von der ich seit über drei Wochen nichts mehr gehört habe. In ihrer Stadt ist der Keller der einzige Ort, an dem man den Beschuss durch die russische Armee überleben kann. Von vielen früheren Wohnhäusern sind dort nur noch Ruinen übrig, und darunter sind Keller voller Menschen.

Vielleicht haben Sie von der Bombardierung des Mariupoler Theaters gehört? Der sowjetische Schutzbunker unter dem Theater war offensichtlich für den Kalten Krieg gebaut, zum Schutz vor dem „Westen". Jetzt hat er viele Einwohner der Ukraine gerettet, die von den Russen bombardiert werden unter dem ausgedachten Vorwand der „Entnazifizierung".

Ach übrigens, zum Thema „Entnazifizierung". Ich würde auch sehr gern Boris Romantschenko in meinen Keller aufnehmen, den ehemaligen Häftling der nationalsozialistischen Konzentrationslager Buchenwald, Peenemünde, Dora und Bergen-Belsen. Er hat den Holocaust überlebt, er war 96 Jahre alt und starb jetzt in seiner eigenen Wohnung (in Charkiw; A. d. Ü.) durch eine russische Granate. Derjenige, der an der Waffe stand, feiert höchstwahrscheinlich gern den Tag des Sieges. Aber am 18. März hat er einen Menschen umgebracht, der die Nazis aus eigenem Willen besiegt hat.

In Lwiw ist es jetzt fast still, und wenn die Sirene nicht ertönt, kann ich die erdrückenden Wände meines zum Luftschutzbunker gewordenen Kellers verlassen und mich ein bisschen erholen. Aber Millionen Menschen in unserem Land können sich das nicht erlauben, denn manchem fällt es leichter zu bombardieren, als zu denken. Wir hingegen haben Zeit zum Nachdenken, während wir uns vor den russischen Bomben verstecken. Glauben Sie mir, das alles werden wir niemals vergessen.

St. Petersburg, 30. März 2022

RUSSLAND UND DIE SANKTIONEN: WENN DIE PREISE EXPLODIEREN

Olga Lizunkova

In St. Petersburg wie auch in anderen russischen Städten sind westliche Produkte kaum noch erhältlich. Die Menschen beginnen mit Hamsterkäufen.

Schon seit einer Woche kann ich keinen Buchweizen mehr kaufen, ich schaffe es einfach nicht. Wenn ich abends von der Arbeit komme, ist er überall ausverkauft. Am leeren Regal hängt ein Preisschild, daneben der kleine Hinweis: „nicht mehr als 5 Stück pro Person". Witzig, dass man in jeder schwierigen Situation in Russland sofort Buchweizen kauft.

Für Reis und Hirse interessieren sich die Leute weniger. Hier macht man schon Witze darüber, Buchweizen sei unser graues Gold. Die Menschen legen ihr Geld darin an. Zucker ist übrigens mittlerweile auch schwer zu bekommen. Und Salz. Von allen anderen Lebensmitteln gibt es noch genug in den Regalen. Auf die Preise schaut man allerdings lieber nicht. Es scheint, als ob die sich jeden Tag ändern.

Der Arbeitstag beginnt mit Gesprächen über Nachrichten, die neuesten Sanktionen und die aktuellen Preise. Und wir reden hier natürlich nicht von Buchweizen, sondern zum Beispiel über Medikamente. Meine Mutter nimmt regelmäßig Schilddrüsenhormontabletten. Die werden in Deutschland hergestellt. Ich rufe sie an und bitte sie, sich einen Vorrat anzulegen. Aber die deutschen Tabletten gibt es schon nicht mehr in den Apotheken zu kaufen, auch nicht mehr auf Lager.

Es gibt nur noch das russische Pendant, und ich frage mich: Ist das genauso wirksam? Wird das in einem Monat noch in der Apotheke verkauft? Und wie viel wird es dann kosten? Ein Besuch beim Zahnarzt hat mich gerade mein halbes Monatsgehalt gekostet. Die andere Hälfte gebe ich ihm dann nächste Woche. Der Zahnarzt hat erzählt, dass die Preise für Material und Implantate um 200 bis 250 Prozent gestiegen sind. Und die Vorräte, die die Zahnklinik noch hatte kaufen können, reichen etwa einen Monat.

Wo leben die, die behaupten, dass es in unserem Land alles gibt? Ich weiß es nicht. Vermutlich in irgendeinem anderen Russland. „Macht nichts", sagte mir eine Taxifahrerin an dem Tag, an dem Ikea zugemacht wurde. „Dann kaufen wir eben unsere eigenen Sachen!" Ich habe mich auf keinen Streit eingelassen, aber daran gedacht, dass meine Freunde schon Schuhe auf Bestellung nähen. Klebstoff, Leder und Zubehör kaufen sie in China. Und das kostet jetzt alles dreimal mehr als früher. Wir kaufen halt unsere eigenen Sachen. Aber nur, wer es eben kann.

Meine Eltern haben die Zeiten des Mangels, den Zerfall der Sowjetunion, die Finanzkrise und die Geldentwertung von 1998 miterlebt. Und jetzt sehe ich die Preisschilder in den Geschäften und denke: „Warum muss ihnen jetzt schon wieder so etwas passieren?" Bald schmilzt der Schnee und sie werden Kartoffeln im Garten setzen. So, wie sie es in jedem Frühjahr gemacht haben, ihr ganzes Leben lang. Ich sollte am Wochenende mit ihnen rausfahren, um das auch zu lernen.

Minsk, 31. März 2022

SIND DIE BELARUSSEN SELENSKI EGAL?

Janka Belarus

Der ukrainische Präsident hat russischen Medienvertretern ein Interview gegeben. Wie kommt das, was er sagt, bei den Menschen in Belarus an?

Vor wenigen Tagen hat Wolodimir Selenski den unabhängigen russischen Medien ein Interview gegeben. Die russische Medienaufsicht „Roskomnadsor“, die im Internet jetzt gerne *Roskomposor* genannt wird (unübersetzbares Wortspiel: *nadsor* ist die Aufsicht, *posor* die Schande; A. d. Ü.) hat von den Medien in Russland verlangt, dieses Interview nicht zu veröffentlichen. Die zuständige Abteilung teilte mit, dass bei den Medien, die dieses Interview geführt haben, eine „Prüfung zur Feststellung der Verantwortlichkeit“ durchgeführt werde.

Dieses Verbot war eine super PR-Aktion, witzeln die Leute, weil sie die Aufzeichnung des Interviews sonst vielleicht bei Youtube verpasst hätten. Einigen Belarussen ist das Selenski-Interview dennoch übel aufgestoßen – und zwar wegen folgender Äußerung Selenskis: „Wenn wir den Krieg beenden können und Lukaschenko sich dann wieder fühlt wie der Herr im Haus – dann soll er halt. Mir ist das, ehrlich gesagt, völlig egal. Das ist generell die Entscheidung der Belarussen, aber ganz sicher nicht unsere.“

Hierzulande kam das zum Teil nicht gut an. Schließlich sind viele Belarussen auf der Seite der Ukraine, manche haben sogar aktiv den Kriegseinsatz von Belarus aus sabotiert, etwa indem sie Bahnstrecken beschädigten. Jetzt fühlen sie sich von Selenski im Stich gelassen – und das nicht das erste Mal: Der Einmarsch der russischen Armee von belarussischem Gebiet aus hätte vermieden werden können, wenn die Ukraine im Jahr 2020 die demokratischen Kräfte in Belarus unterstützt hätte. Doch Selenski habe offenbar mehr daran gelegen, die Wirtschaftsbeziehungen mit Lukaschenko aufrechtzuerhalten.

Andere können diese Anschuldigungen jedoch nicht nachvollziehen. Sie meinen, es wäre so oder so zum Krieg gekommen – den habe Russland ja lange genug vorbereitet. Und hätte es sich für Selenski 2020 gelohnt, seine Armee in ein anderes Land einmarschieren zu lassen? Dann hätte es in Belarus Krieg gegeben. Und es gäbe die Stadt Gomel nicht mehr, so wie es jetzt kein Mariupol mehr gibt.

Wir müssen so viel wie möglich darüber erzählen, wie die Belarussen der Ukraine helfen, welche Risiken unsere Freiwilligen eingehen. Und wir müssen das in der Ukraine und in der ganzen Welt verkünden, damit auch wir die Unterstützung der Welt und der Ukraine bekommen.

Eines muss man Wolodimir Selenski aber zugute halten: wie nahbar und menschlich der ukrainische Präsident ist. Nicht in Anzug und Krawatte, sondern in einem zerknitterten T-Shirt war er im Interview zu sehen, und er hat mit allen so gesprochen, als säße er mit ihnen in der Küche bei einem Bier. Mit einfachen Worten hat Selenski seine Position erklärt.

Ein lebendiger, aufrichtiger, erschöpfter Mensch, der seit einem Monat nicht mehr genug geschlafen hat, der seine Heimat verteidigt und versucht, neue Opfer zu vermeiden.

Kyjiw, 1. April 2022

DAS GERÄUSCH DER SIRENEN

Anastasia Magasowa

In der ukrainischen Hauptstadt Kyjiw gibt es fast alle zwei Stunden Luftalarm. Sobald die Sirene heult, verspürt unsere Autorin Angst.

Man kann sich schwer vorstellen, dass ein Geräusch einen Brechreiz hervorrufen kann. Und doch ist es möglich. Für mich ist es das Geräusch der Sirenen bei Luftalarm. Seit vier Wochen höre ich es mindestens zehn Mal pro Tag.

Die Sirene beginnt mit so einem fiesen Geräusch zu heulen, im Kopf dreht sich alles, und dann hast du das Gefühl, als ob dir irgendeine eiskalte Hand die Gurgel zudrückt. In dem Moment begreifst du, dass die Rakete schon abgefeuert wurde und in deine Richtung fliegt. Es ist nie klar, wo sie einschlagen wird, aber es besteht immer die Gefahr, dass es ganz in deiner Nähe passiert. Dann hörst du eine Explosion oder zwei. Entweder wurde die Rakete von der Flugabwehr zerstört. Oder sie ist irgendwo eingeschlagen. Schlimm ist es in beiden Fällen. Auch eine zerstörte Rakete ist gefährlich wegen ihrer Splitter. Auch die zerstören und töten.

Erst kürzlich war ich an so einem Ort, an dem eine Rakete herunterkam. Sie fiel in den Hof einer Wohnsiedlung. Mit einem Schlag waren sechs Häuser zerstört: vier fünfstöckige Wohnhäuser, eine Schule und ein Kindergarten. Innerhalb einer Sekunde war damit das alte Leben von Hunderten Menschen einfach weg. In eine dieser Wohnungen bin ich hineingegangen.

Die Druckwelle der Explosion hatte alles zerstört, was in der Wohnung gewesen war, so, als sei es durch einen Fleischwolf gedreht worden. Töpfe, Gläser, Schuhe, Bücher, Schränke, Kleidung, Lebensmittel aus dem Kühlschrank. Die Splitter der Fensterrahmen waren in der ganzen Wohnung verteilt. Aber am meisten erstaunt hat mich das Omelett auf dem Herd, übersät von Glassplittern der kaputten Fensterscheiben. Nach dem, was mir der Wohnungsinhaber erzählte, konnte ich die Abfolge der Ereignisse rekonstruieren.

Die junge Mutter kam morgens aus der Dusche, und bevor sie sich auf den Weg zur Arbeit machte, bereitete sie noch das Frühstück vor. Während sie ihren Morgenkaffee trank, sah sie aus dem Fenster, weil schon seit Sonnenaufgang Schüsse zu hören waren. In diesem Moment schlug eine Rakete direkt neben ihrem Haus ein.

Tausende von winzig kleinen Glassplittern durchbohrten ihr Gesicht und ihren Körper, und auf ihrem weißen Frotteebademantel waren schnell überall rote Flecken zu sehen. Ihr Blut lief in die Küche, in die wenige Minuten später ihr Sohn und ihr Mann zum Frühstück kommen sollten. Die Frau hatte, anders als die Leute aus den Nachbarwohnungen, Glück. Sie hat überlebt. Solche Tragödien ereignen sich täglich in der Hauptstadt der Ukraine.

Genau wie alle anderen Ukrainer bin auch ich sehr erschöpft von dem permanenten Gefühl der Angst und Gefahr. Aber jetzt ist nicht die Zeit für Selbstmitleid. Jeder in der Ukraine tut gerade alles, damit dieser Krieg bald beendet ist. Aber nur mit einem Ergebnis: dem Sieg des Lichtes über die Dunkelheit und die für immer zum Schweigen gebrachten Sirenen.

Moskau, 4. April 2022

AM NULLPUNKT

Xenia Babich

Vor allem junge Russen verlassen wegen des Ukrainekriegs ihre Heimat. Los werden sie den Konflikt dennoch nicht.

Ich bin in Moskau, obwohl zu Beginn dessen, was auf Geheiß der russischen Machthaber „Spezialoperation“ genannt werden muss, schon Zehntausende Russen das Land verlassen haben. Unter ihnen auch meine Freunde, von denen einige mit Rucksack und Laptop als Flüchtlinge gegangen sind. Viele haben schon vor ein paar Wochen beschlossen, einen kompletten Neustart außerhalb Russlands zu wagen.

Nach Angaben des unabhängigen Projekts Ok Russia sind in einem Monat mehr als 300.000 Menschen in die Türkei, nach Georgien und Armenien gegangen: 57 Prozent von ihnen sind jünger als 35. Viele von ihnen hatten und haben weiterhin ihren Hauptjob in Russland. Diese Zeit ist zum Nullpunkt geworden, niemand weiß, wie man sich gerade richtig verhält: gehen oder bleiben. Und wenn man geht, versteckt man dann das eigene „Russischsein“? Oder teilt man überall eigene Erfahrungen und Bemühungen um Recht und Freiheit in Russland? Hilft man den Dagebliebenen oder kappt man alle Verbindungen, versucht, das frühere Leben zu vergessen?

Wenn ich mit denen spreche, die gegangen sind, verstehe ich, dass wir die gleichen Gefühle haben: überflüssig zu sein, nicht zu genügen, nicht mehr leben zu können wie vorher. Unsere Welt und unsere Pläne sind zusammengebrochen. Ich schreibe diesen Text in Moskau über VPN, weil hier die sozialen Netzwerke von META als extremistisch eingestuft wurden. Meine Freunde fragen mich täglich, wo ich gerade sei, weil es für alle Hiergebliebenen wichtig ist zu wissen, dass sie nicht alleine sind. Und wenn ich oder sie vor Gericht kommen oder es eine Hausdurchsuchung gibt, können wir uns gegenseitig beistehen.

Nach außen geht in Moskau der Alltag weiter. Es gibt ein paar mehr geschlossene Läden und Cafés, mehr Polizei und Nationalgarde auf den Straßen und in der Metro. Aber vor allem mehr Angst. Die, die gegangen sind, dämonisieren schon kleinere Themen: Lebensmittelpreise, die Arbeit der Banken. Sie wollen sich beweisen, dass ihre Entscheidung nicht umsonst war.

Trotzdem brechen sie oft zusammen und schreiben oder sagen mir: „Ich bin total erschöpft" oder „Ich bin ausgereist, aber habe keine Ahnung, wozu und wie ich jetzt leben soll". Für alle Fortgegangenen ist heute wichtig, nicht nur Kraft für sich selber und das neue Leben zu finden, sondern auch genug Stärke zu haben, um das Trauma zu verstehen und zu teilen, das unser Staat jedem Ukrainer zufügt.

Die, deren Verwandte in Russland geblieben sind, wurden oft durch Propaganda vergiftet und es bedarf großer Anstrengungen, um ihnen zu beweisen, dass sie offiziell getäuscht wurden, dass sie nicht wissen, wie schrecklich es ist, was in der Ukraine passiert. Ich selbst streite mich dauernd mit meinen Eltern, wenn ich versuche, ihnen zu beweisen, dass die Aggression aus dem Fernseher, die sie gegen die ganze Welt aufbringt, eine Sackgasse ist.

Jerewan, 5. April 2022

HEIMATLÄNDER IN FLAMMEN

Sona Martirosyan

Der letzte Krieg in Armenien liegt erst anderthalb Jahre zurück. Für dort lebende Ukrainer:innen ist das jetzt doppelt traumatisch.

Die Söhne meines Bruders haben auf dem Handy ihrer Mutter Musik angemacht und tanzen. Wir schweigen. Auf ein Kinderlied folgt „Wenn der Tag anbricht, geht der Krieg zu Ende" von Okean Elzi, einer ukrainischen Band. Die Frau meines Bruders springt auf: „Macht das aus, sonst bricht mir gleich das Herz."

Mein Bruder und seine Frau haben sich beim Studium in Polen kennengelernt – er aus Armenien, sie aus der Ukraine. Die Eltern der Braut lieben meinen Bruder, aber sie waren gegen die Heirat, weil „in Armenien Krieg herrscht". 2014 begann der Krieg im Donbass. Seitdem wurden in der Familie meines Bruders drei Kinder geboren, und es gab drei Kriege.

2020, als in Armenien Krieg war, haben wir 44 Tage lang alle Kreise der Hölle durchlebt – alle gemeinsam, in unserer Heimat. Ich wage nicht darüber nachzudenken, was die Frau meines Bruders fühlt, fern von ihrer Heimat und Familie. Die in der Ukraine zu erreichen, wird immer schwerer. „Ich glaube, ich habe Oma und Opa gerade zum letzten Mal gesehen", sagte meine Schwägerin nach der ersten Kriegswoche. An dem Tag gab es in ihrem Heimatdorf im Gebiet Donezk zum letzten Mal Internet. Unsere Familie hat zwei Heimatländer – beide stehen in Flammen.

„Mama hat geschrieben: Es gibt noch Brot und Wasser, aber Medikamente sind bald alle. Wir haben Angst, den Keller zu verlassen", berichtet die Frau meines Bruders. Vieles im Leben wird im Krieg einfach: Brot und Wasser, Leben und Tod, Heimat und die Furcht davor, sie zu verlieren. Alles andere wird zum Luxus oder zu Politik.

Zur gleichen Zeit ist es in Bergkarabach wieder unruhig: Aserbaidschanische Streitkräfte haben ein armenisches Dorf erobert. Der Sekretär des Sicherheits- und Verteidigungsrates der Ukraine, Alexei Danilow, meint: Eine zweite Front im Interessengebiet Russlands würde der Ukraine im Kampf gegen die Angreifer helfen. Das eine Heimatland der Frau meines Bruders ruft dazu auf, ihr anderes Heimatland zu vernichten. Vieles im Leben wird im Krieg einfach: Für die einen ist es Heimat, für die anderen eine zweite Front.

Lwiw, 7. April 2022

MENSCHEN AUS EISEN

Roman Huba

Lange galt die ukrainische Bahn als ineffizientes Unternehmen. Nun retten Evakuierungszüge Millionen Menschen vor dem Tod.

Meine Eltern haben viel Mühe darauf verwandt, dass ich, wie man so sagt, „Kopfarbeiter" werde, und nicht beruflich in ihre Fußstapfen trete. Mein verstorbener Vater war Eisenbahner und verbrachte fast sein ganzes Leben auf den Schienen. Auch seine Eltern haben ihr ganzes Leben bei der Eisenbahn gearbeitet. Sogar meine Mama, sowjetische Ingenieurin, wurde in den 1990er Jahren Eisenbahnerin, weil die Fabrik, in der sie bis dahin gearbeitet hatte, aufgehört hatte zu existieren.

Ironischerweise hat sie dann ihre eigene Mutter an der Fahrkartenkasse abgelöst, als die in Rente ging. Unsere ganze Stadt, ein kleiner Fleck auf der Landkarte im Gebiet Donezk, ist ein einziger großer Eisenbahnknotenpunkt, der in den postsowjetischen Jahren für „nicht mehr notwendig" gehalten wurde, seit die neue Zeit und neue marktwirtschaftliche Bedingungen Einzug gehalten haben. Und staatliche Unternehmen für „ineffizient" erklärt wurden.

Und dann marschierte Russland in der Ukraine ein.

Als in der ganzen Ukraine russische Raketen einschlugen, begannen die Leute, in den Westen des Landes zu flüchten. Die Straßen waren schnell überfüllt und nicht ungefährlich, die privaten Busunternehmen erhöhten sofort die Fahrpreise oder verschwanden einfach.

Ein großer Teil der Menschen, die aus anderen Regionen des Landes kamen oder in die Westukraine flüchteten, um von dort das Land zu verlassen, fuhr mit Evakuierungszügen.

Haben Sie in Filmen über den Zweiten Weltkrieg schon mal Militärzüge gesehen? Ja? Ungefähr genau so sehen die Evakuierungszüge von heute auch aus, nur dass sie statt von einer Dampflok jetzt von einer Diesel- oder Elektrolok gezogen werden. Die Zugfenster sind verdunkelt zum Schutz vor Luftangriffen, und die Züge fahren zwei-dreimal langsamer als gewöhnliche. Aber sie fahren.

Eisenbahner in der Ukraine tragen besondere Schulterklappen und eine Uniform. Früher habe ich Mama ausgelacht, haha, solche Schulterklappen, du verkaufst doch bloß Fahrkarten. Jetzt rettet ein ganzes Heer von Zugbegleitern, Lokführern, Fahrdienstleitern, Rangierern, Streckenarbeitern und anderen Eisenbahnern Millionen Menschen. Mehr als drei Millionen bislang, um genau zu sein. Meiner Meinung nach ist das mehr als effizient. Oder was meinen die Herren Manager dazu?

Am 12. März fuhr der Evakuierungszug 261/262 Lwiw-Kramatorsk in die Stadt Liman im Gebiet Donezk. Für die Zugbegleiterin Natalja Babitschewa wurde dies die letzte Reise ihres Lebens. In der Umgebung der Station Brusino geriet der Zug unter Beschuss. Nur einige Tage zuvor hatte genau dieser Zug auf genau dieser Strecke meine Schwester und meine Nichte aus der Region herausgeholt.

Bis zum 26. März sind 54 Arbeiter der Ukrainischen Eisenbahn durch Kriegshandlungen ums Leben gekommen, 64 weitere wurden verwundet. Sie haben nicht besonders gut verdient, ihre Arbeit war nicht prestigeträchtig und die Bedingungen waren hart. Aber sie haben weitergearbeitet, um andere zu retten. Ihre Leistung sollte nicht vergessen werden. An vielen Bahngebäuden hängen Gedenktafeln zu Ehren der Arbeiter, die während des Zweiten Weltkriegs gestorben sind.

Leider haben wir jetzt einen Grund, diese Tradition fortzuführen.

Wladikawkas, 8. April 2022

PUTIN WIRD NICHT LEIDEN

Boris Epchiev

Die Sanktionen machen sich in Russland besonders bei der medizinischen Versorgung bemerkbar. Darunter leiden vor allem ärmere Leute.

Den Krieg in der Ukraine spüren die Menschen in Nordossetien im Nordkaukasus auch bei sich. Ungeachtet dessen, dass hier keine Granaten explodieren und keine Maschinengewehrsalven zu hören sind, gehen die Opfer des Kriegs bereits in die Hunderte.

Die Sache ist die, dass aus den Apotheken nach und nach alle importierten Medikamente verschwinden. Die Hersteller haben ihre Tätigkeit in Russland eingestellt. Das führt dazu, dass irgendwelche cleveren Banditen fast alle Medikamentenbestände aufgekauft haben und jetzt illegal damit handeln. Anschaulichstes Beispiel dafür ist vielleicht die Kontaktlinsenflüssigkeit, die früher um die 200 Rubel (circa 2 Euro) gekostet hat. Jetzt wird sie auf dem Schwarzmarkt für 1.000 Rubel oder mehr angeboten.

Und das passiert, obwohl die Behörden gesagt haben, dass die Bestände an lebenswichtigen Medikamenten noch für fünf bis sechs Monate reichen. Die Menschen sind daran gewöhnt, dass der Staat sie immer betrügt. Sie versuchen deshalb, die letzten noch vorhandenen Medikamente zu kaufen. Das betrifft zum Beispiel französisches Insulin und Schilddrüsenmedikamente. Es gibt dazu auch russische Äquivalente, aber von viel schlechterer Qualität.

Auch Zahnärzte sind betroffen, die fast kein Material mehr haben. Und wenn irgendein Gerät ausfällt, gibt es einfach keine Ersatzteile mehr. Man kann dann nur auf ähnliche Modelle aus chinesischer Produktion zurückgreifen, aber die lassen sich überhaupt nicht mit denen aus Europa oder den USA vergleichen. Deshalb haben sich die Kosten für zahnärztliche Behandlungen bereits verdoppelt, und das ist noch lange nicht das Ende der Fahnenstange.

Diejenigen, die plötzlich ihre Medikamente nicht mehr bekommen, wundern sich über diejenigen, die diese Sanktionen verhängt haben. Sie sagen, dass sie vor allem die kleinen Leute treffen, die nichts mit dem Krieg zu tun haben. „Putin wird nie darunter leiden", sagen sie. Dafür leiden sie selbst schon jetzt.

Kürzlich wurde bekannt, dass Russland vielleicht seine Truppen aus Kyjiw und Tschernihiw abzieht. Das weckte Hoffnung, dass die Sanktionen gelockert werden und zumindest Medikamente und medizinische Geräte wieder ins Land kommen könnten. Chirurgen in Krankenhäusern warten schon jetzt ängstlich auf den Moment, in dem Skalpelle und andere medizinische Ausrüstung ersetzt werden müssen.

Auch die können noch nicht hier im Land hergestellt werden. Und das, obwohl man früher in der Sowjetunion auch alleine zurecht kam und nicht besonders auf Importprodukte angewiesen war. Übrigens nicht nur im medizinischen Bereich, sondern auch in allen anderen. Durch Sanktionen und Embargos lernten die Sowjets, lebenswichtige Dinge selbst zu produzieren, aber 35 Jahre nach dem Zusammenbruch der UdSSR hat die russische Industrie diese Fähigkeit verloren. Und um sie wieder zu erlernen, braucht es mindestens 10 Jahre. Aber so viel Zeit hat Russland jetzt nicht.

Odessa, 9. April 2022

ALS OMA BAUMRINDE KNABBERN MUSSTE

Tatjana Milimko

Die Erinnerungen von Großeltern aus der Zeit des Weltkriegs sind brandaktuell. Unsere Autorin fände schöner, wenn sie Märchen vorlesen würden.

„Und wenn es gar nichts mehr zu essen gab, haben wir Baumrinde abgerissen und daran geknabbert." Kürzlich wurde ich Ohrenzeugin eines Gespräches meiner Oma mit meinen Kindern. Es war der dritte Kriegstag. „Oma Tasja, was erzählst du da?", schrie ich. „Was sind das für schreckliche Geschichten?" Es waren die Erfahrungen meiner Großmutter. So haben sie die Zeit des Holodomor – der großen Hungersnot von 1931/32 in der Sowjetukraine – und des Zweiten Weltkriegs überlebt.

In Oma Tasjas Familie waren sie neun Kinder. Sie gehört zu denen, die noch Jahrzehnte später die Krümel vom Tisch aufgesammelt hat und bei jedem Festessen sagte: „Hauptsache, es gibt keinen Krieg." Tasja wurde in der russischen Stadt Jaroslawl geboren. Es war für sie schwer zu verstehen, dass der Ukraine – ihrer zweiten Heimat – von Russland der Krieg erklärt wurde.

Als meine Oma ihren Urenkeln ihre Geschichte erzählte, wollte sie sie schützen, ihnen von unvorstellbaren und schrecklichen Erfahrungen erzählen, die sie selber als Kind gemacht hatte. Im Zimmer saß auch die andere Urgroßmutter meiner Kinder. Oma Katja ist im gleichen Alter wie Tasja, beide sind um die 90 Jahre. Oma Katja hat lange in Belarus gelebt. Den Menschen ihrer Generation fällt es schwer, zu akzeptieren, dass Russland die Ukraine angegriffen hat.

Unser Luftschutzraum befindet sich im Keller. Immer, wenn Luftalarm ist, musste man beide Großmütter hinuntertragen. Nach der ersten Kriegswoche haben wir entschieden, sie ins benachbarte Rumänien ins Krankenhaus zu bringen. „Wie jetzt? Ich bin vor den Russen zu den Rumänen geflüchtet?“ fragte Oma Katja. Sie hat die Blockade von Odessa im Zweiten Weltkrieg miterlebt. In unserer Stadt haben damals rumänische Einheiten die Stadt besetzt. Und jetzt pflegen Rumänen sie im Krankenhaus, flüchten muss sie jetzt vor den Russen.

In den ersten Kriegstagen machte ein schrecklicher Satz die Runde: „Wie gut, dass meine Großmutter das nicht mehr erleben muss.“ Ich verstehe, was die Leute meinen. Ich bin froh, dass meine Kinder ihre Urgroßmütter kennen. Schöner wäre, wenn sie meinen Kindern Märchen vorlesen würden, statt ihnen zu erzählen, wie man im Krieg überlebt.

Borodjanka, 14. April 2022

DIE TRÜMMERTOTEN VON BORODJANKA

Anastasia Magasowa

Auch im Kyjiwer Vorort Borodjanka wurden Leichen auf den Straßen gefunden. Russische Besatzer verboten hier außerdem, Verschüttete zu bergen.

Noch vor einer Woche waren hier die russischen Streitkräfte. Jetzt kann alle Welt sehen, was sie zurückgelassen haben. Die Kleinstadt Borodjanka im Kyjiwer Umland, in der vor dem Krieg 12.000 Menschen lebten, ist praktisch komplett zerstört. Kein einziges Gebäude ist heil geblieben. Die Menschen, die während der einmonatigen russischen Besatzung in Borodjanka geblieben waren, wissen nicht, mit was sie diese Zeit vergleichen sollen – außer mit der Hölle.

Borodjanka ist eine der zahlreichen Ortschaften nahe Kyjiw, die die russische Armee mit 250 Kilo schweren Luftminen angegriffen hat. Bombenflugzeuge warfen ihre Fracht auf Wohnhäuser ab, drehten eine Runde und bombardierten ein zweites Mal. Strategisch kann diese Brutalität nicht begründet werden. Denn es gab im Ort kein einziges Militärobjekt. Nur Häuser, Schulen, Kindergärten, Kulturzentren und Geschäfte.

Die Generalstaatsanwältin der Ukraine, Irina Wenediktowa, sagt, dass in Borodjanka viel mehr Zivilisten ums Leben gekommen sind als in Butscha. Aber hier wurden sie anders getötet: Man hat sie bei lebendigem Leibe begraben.

Als die Luftminen auf mehrstöckige Wohnhäuser abgeworfen wurden, hatten sich die meisten Menschen in deren Kellern versteckt. Nach der Explosion fielen die Gebäude wie Kartenhäuser zusammen, die Menschen blieben unter den Trümmern. Die Besatzer ließen keine Helfer zum Ort der Katastrophe durch. Die Luftangriffe begannen Ende Februar und erst am 7. April konnte man anfangen, die Trümmer wegzuräumen. Am ersten Tag wurden 27 Leichen gefunden. Wie viele noch unter den Trümmern liegen, kann niemand mit Sicherheit sagen.

Auf der Hauptstraße von Borodjanka stehen drei Hochhäuser nebeneinander. In zweien von ihnen klaffen genau in der Mitte riesige Löcher. Alle Stockwerke vom Erdgeschoss bis zum Dach bilden einen einzigen großen Schutthaufen. Die Chance, dort noch Menschen lebend zu bergen, ist gleich null.

Einer der Anwohner, dessen in der Nähe liegendes Haus ebenfalls durch die Explosion zerstört wurde, sagte, dass die Häuser nach dem Angriff noch zwei Tage gebrannt hätten. Niemand habe sie gelöscht. Und auf die, die den unter den Trümmern begrabenen Menschen helfen wollten, hätten die russischen Soldaten geschossen. Praktisch hinter jedem Haus in Borodjanka findet man frische Gräber. So haben die Menschen ihre verstorbenen Angehörigen, Freunde und Nachbarn begraben.

Wenn man all dies sieht, kann man einfach nicht begreifen, warum das geschieht. Was sind das für Menschen, die zu so etwas in der Lage sind? Was hat der Pilot des Flugzeugs, das die Bomben abgeworfen hat, gefühlt, wo er doch wusste, dass er auf Zivilbevölkerung schoss?

Beim Abzug haben die russischen Soldaten ihr Beutegut mitgenommen: Waschmaschinen, Kühlschränke, Fernseher, Mikrowellengeräte und sogar Kochtöpfe. Ist das wirklich all das Blut an ihren Händen wert? Ist dieses Böse wirklich so banal, wie Hannah Arendt geschrieben hat?

Lwiw, 16. April 2022

ERINNERUNG ENDGÜLTIG AUSLÖSCHEN

Rostyslav Averchuk

Schon einmal hat man in der Westukraine versucht, die Vergangenheit zu tilgen. Die Ukrainer kämpfen jetzt auch dafür, dass sich Geschichte nicht wiederholt.

Wenn man beim Gang durchs Stadtzentrum von Lwiw aufmerksam nach links und rechts schaut, kann man an den Wänden einiger Gebäude unter abblätternder Farbe verblasste Inschriften entdecken.

Es sind sogenannte „Geisterschilder", die Namen ehemaliger Geschäfte und der Waren, die sie damals im Angebot hatten. Die meisten sind auf Polnisch oder Jiddisch, manchmal sieht man auch ukrainische oder deutsche Aufschriften.

Denn bis zum Beginn des Zweiten Weltkriegs lebten in der Stadt Hunderttausende Juden, Polen und Ukrainer. Nur wenige Jahre später waren davon nur noch zweihundert Juden am Leben. Die Mehrheit der Polen war gezwungen worden, die Stadt zu verlassen und viele Ukrainer hatte man in Konzentrationslager verschleppt oder wegen Nichtanerkennung der Sowjetmacht umgebracht.

Unter dem wachsamen Auge des KGB machte man sich dann daran, im Land eine „leuchtende Zukunft" aufzubauen, in der für die komplizierte Vergangenheit kein Platz mehr sein sollte. Straßen wurden umbenannt, Denkmäler geschleift, Ladenschilder übermalt.

Der russische Einmarsch in die Ukraine, der, wie es russische Medien berichten, der Klärung der „ukrainischen Frage" dient, soll ebenfalls sicher stellen, dass alle Erinnerungen an die Vergangenheit ausradiert und übermalt werden.

Die aufmüpfigsten Ukrainer kann man umbringen, die anderen einschüchtern oder kaufen. Und dann erst können russische

Propaganda und Zensur aus der Ukraine einen fügsamen Teil des russischen Imperiums machen.

„Aufmüpfig" zeigt sich allerdings die gesamte Ukraine. Um mit ihr fertig zu werden, sind die Russen bereit, jede dafür benötigte Anzahl an Menschen zu töten: durch die völlige Zerstörung von Mariupol, die Bombardierung von Wohnhäusern in Charkiw und die Erschießung von Zivilisten auf den Straßen von Butscha.

Und genau deshalb, um „diese tödliche Liebe" Russlands trotzdem zu überleben, verteidigen sich die Ukrainer weiter. Sie kämpfen für ihre Sprache und Kultur, für das Recht, selber Entscheidungen zu treffen. Dafür, dass sie sich nicht in Geister auf den Straßen ihrer Städte verwandeln müssen.

Gleichzeitig führt die Ukraine weiter Verhandlungen mit Russland, in der Hoffnung, dadurch Menschenleben zu retten. Denn das Allerwichtigste, das sind die Menschen und ihre Würde, und nicht Land und Macht.

Solange die Russen das Leben nicht für ebenso wertvoll erachten wie das Gefühl der eigenen Größe und den Erwerb von Land – durch Blutvergießen der Soldaten und ihrer Opfer werden sich die russisch-ukrainischen Beziehungen nicht verbessern.

Und offene, ehrliche Gespräche werden nur mit den Russen möglich sein, die zumindest ihr Bedauern darüber ausdrücken, was ihr Staat und ihre Landsleute tun. Davon, offen gegen die Ermordung derjenigen aufzustehen, die sie noch bis vor kurzem „Brudervolk" genannt haben, wollen wir hier gar nicht sprechen.

Tbilissi, 24. April 2022

ANGST UND WUT

Sandro Gvindadze

Die junge Generation fühlt sich vom Westen betrogen, den Älteren ist alles egal. Doch die Solidarität mit der Ukraine ist in Tbilissi groß.

In Georgien sagt man nicht „der Krieg in der Ukraine“. Bei uns sagt man einfach „der Krieg“. Im August 2008 marschierte Russland in Georgien ein und stationierte hier Truppen. Seit dieser Zeit, seit 14 Jahren, lebt die georgische Bevölkerung mit der Angst davor, dass sich der Krieg wiederholen könne. Am 24. Februar 2022 kam zur Angst und dem Gefühl der eigenen Machtlosigkeit noch die Wut hinzu.

Seit fast zwei Monaten beginnen alle Fernsehnachrichtensendungen mit den Ereignissen in der Ukraine. Seit fast zwei Monaten gibt es im Stadtzentrum von Tbilissi vor dem Parlamentsgebäude regelmäßig Solidaritätskundgebungen. Seit Beginn des Krieges hat Georgien fast 400 Tonnen humanitäre Hilfe geschickt. An Häusern hängen ukrainische Flaggen.

Verschiedenen Quellen nach sind mittlerweile mehr als 15.000 Flüchtlinge aus der Ukraine nach Georgien gekommen. Aber nicht nur sie. Sondern auch zehntausende Russen.

Nicht nur im Stadtzentrum von Tbilissi, auch in der näheren Umgebung hört man jetzt öfter Russisch als früher. Vielen Menschen in Georgien gefällt das nicht. Sie haben Angst, dass Putin sich entschließt, auch hier „die russischsprachige Bevölkerung zu verteidigen“, und sie fordern deshalb, eine Visumspflicht für russische Staatsbürger einzuführen.

Für mich und meine Generation, aber auch für jüngere Menschen hat sich durch den Krieg das Gefühl verstärkt, dass unsere Politiker sich sehr weit vom Volk entfernt haben. Der georgische Premierminister Irakli Gharibaschwili lehnte wirtschaftliche

Sanktionen gegen Russland und Waffenlieferungen an die Ukraine ab. Und klar: Von Visa für russische Staatsbürger ist natürlich auch keine Rede.

Doch neben der Kritik an den georgischen Politikern wird auch die Kritik an ihren europäischen Kollegen immer lauter. Die georgische Jugend kann Deutschland und Frankreich das Jahr 2008 nicht verzeihen. Gerade ihretwegen sind Georgien und die Ukraine bislang keine NATO-Mitglieder, sondern wurden mit leeren Versprechungen abgespeist, dass wir sicher irgendwann aufgenommen würden. Das hören wir jetzt seit 14 Jahren …

Natürlich gibt es hier auch Menschen, die russisches Fernsehen schauen. Ihnen ist das alles egal. Meine 85-jährige Großmutter ist eine von ihnen. Während ich diesen Text schreibe, verkündet der TV-Sprecher gerade die neueste Nachricht: Wolodimir Selenski hat den Empfang des deutschen Bundespräsidenten Frank-Walter Steinmeier abgelehnt.

Oma findet das unverschämt. Für mich ist das vor allem ein Zeichen von Ehrlichkeit.

Ich würde mich auch nicht mit ihm treffen. Die ständige Gefahr einer russischen Invasion, Dutzende von Entführungen an der sogenannten Grenze, die Stärkung rechtsextremer Kräfte – das ist der Preis für das trügerische Sicherheitsgefühl, mit dem sich europäische Politiker seit Jahren amüsieren. Und die Ukraine zahlt einen noch viel schrecklicheren Preis.

Eine kleine Hoffnung habe ich aber trotzdem. Georgien, die Ukraine und Moldau haben Fragebögen für einen EU-Beitritt bekommen. Von den Antworten darauf wird abhängen, ob wir als EU-Beitrittskandidaten anerkannt werden.

Odessa, 25. April 2022

ANGST UND TRAUER ZU OSTERN

Tatjana Milimko

Durch russische Raketenangriffe wurde am Ostersamstag ein Wohnhaus in Odessa zerstört. Unter den Toten ist auch ein drei Monate altes Baby.

In eben dem Augenblick, in dem in Jerusalem das heilige Feuer herab kam, hörte man in Odessa Explosionen. Eine russische Rakete war auf ein mehrstöckiges Wohnhaus gefallen. Aus einem Telefongespräch eines russischen Soldaten mit seiner Frau, das vom ukrainischen Sicherheitsdienst veröffentlicht worden war, wusste man, dass russische Truppen den orthodoxen Ostergruß „Christus ist auferstanden" zynisch auf ihre Raketen schreiben.

Am Abend des Ostersamstag starben in Folge des Beschusses in Odessa acht Menschen, darunter ein drei Monate altes Kind. Solche Ostergrüße bekamen wir von unserem einstigen „Brudervolk".

Ich habe mir Fotos angesehen, die ich vor noch gar nicht langer Zeit gemacht habe. Ich war mit meinen Kindern in genau diesem Haus, bei einer Geburtstagsfeier ihres Freundes. Der kleine Dima war sieben Jahre alt geworden. Seine Mama hatte eine große Torte gebacken. Der Kleine pustete die Kerzen aus und konnte sich dabei etwas wünschen. Hätten wir uns damals vorstellen können, dass nur ein paar Wochen später Dima kein Haus mehr haben würde? Dima selber war vor den Feiertagen mit seiner Mutter zur Oma aufs Dorf gefahren. Das hat sie gerettet.

In den zwei Monaten seit Kriegsbeginn wurde Odessa regelmäßig beschossen, aber vor allem am Stadtrand. Viele dachten, unsere Stadt hätte einen Sonderstatus und deshalb werde man uns nicht bombardieren. Die Menschen gingen zur Arbeit, zum Einkaufen. Wenn es nicht gerade Luftalarm gab, unterschied sich das Leben der Odessiten in Kriegszeiten nicht sehr vom gewöhnlichen Leben davor.

Jetzt aber haben alle begriffen, dass es keinerlei Sonderstatus gibt. Dass russische Raketen überall und zu jeder beliebigen Zeit herunter kommen können. Sogar zu Ostern, sogar in ein Wohnhaus, sogar auf ein drei Monate altes Kind.

Russische Provokateure werfen den Odessiten regelmäßig die Tragödie vor, die sich in Odessa am 2. Mai 2014 abspielte, und versprechen, die Verstorbenen zu rächen. Und es ist wahrscheinlich, dass der Beschuss der Stadt bereits bis zum 2. Mai zunehmen wird.

(In Folge der Maidan-Bewegung in Kyjiw war es 2014 in Odessa zu einer Art „Anti-Maidan" mit einem Zeltlager pro-russischer Aktivisten vor dem Gewerkschaftshaus gekommen. Anlässlich eines Fußballspiels zwischen Odessa und dem ostukrainischen Charkiw gab es eine Demonstration, den „Marsch der Einheit". Als die pro-russische Seite den Marsch angriff und dabei ein Pro-Ukrainer starb, kam es zu Straßenschlachten, es flogen Brandsätze in beide Richtungen. Am Ende griffen Menschen der pro-ukrainischen Seite das Gewerkschaftshaus an, in dem sich pro-russische Aktivisten verschanzt hatten. Diese verbrannten. A. d. Ü.)

Ich erinnere mich an diesen Tag. Ich arbeitete damals als Nachrichtenjournalistin. Mich hatte der Anruf erreicht, dringend zu kommen. Und so fuhr ich mit einem Fliederstrauß, den ich von der Datscha mitgebracht hatte, direkt zum Ort der Schießerei.

Es kam zu Zusammenstößen zwischen den beiden Lagern – den pro-russisch Gesinnten und den patriotisch-Ukrainischen. Als Erster wurde ausgerechnet ein ukrainischer Aktivist erschossen. Es passierte nur wenige Meter von mir entfernt. Mir schien, dass so etwas nicht sein dürfe, so, als sei das alles irgendein Film. An diesem Tag starben 48 Menschen beider Lager. Ich kann nicht sagen, dass jemand Bestimmtes daran schuld war. Es war Irrsinn. Aber die russische Propaganda braucht einen Vorwand, um den Hass zu verstärken und ihre Verbrechen zu rechtfertigen. Deshalb haben sie sich einen Termin ausgesucht, an dem sie mit ihrer Rache beginnen. Angeblich, um ihre Toten zu rächen.

Jetzt ist Odessa erstarrt und in Trauer verfallen. Wenn ich auf die Ereignisse von 2014 zurückblicke und sehe, was jetzt passiert, kann ich sagen, dass es kein Szenario mehr gibt. Nur noch Wahnsinn, der Trauer und Tod bringt.

Das von einer russischen Rakete zerstörte Haus fällt weiter in sich zusammen. Es gab die Nachricht, dass ein Kater lebend unter den Trümmern gefunden wurde, er wurde zwischen Kissen zusammengequetscht, aber hat überlebt.

Der Frühling ist in vollem Gange, überall blühen die Kirschbäume, die Vögel singen, man möchte so gern leben. Und die Osterfeiertage sind doch der Sieg des Lebens über den Tod. Möge es so sein.

Minsk, 26. April 2022

LUKASCHENKO WILL KEIN HANDLANGER SEIN

Janka Belarus

Belarussen solidarisieren sich mit der Ukraine. Alexander Lukaschenko hingegen verdreht die Fakten zum Krieg, wie es ihm passt.

Kürzlich verkündete Alexander Lukaschenko auf der erweiterten Sitzung des belarussischen Sicherheitsrates: „Unbegründet und ohne Beweise dafür vorzulegen wurde Belarus als ‚Handlanger des Aggressors' dargestellt." Seiner Meinung nach „blieben die professionellen Handlungen des (belarussischen) Militärs und der Diplomatie vom Westen unbemerkt".

Tatsächlich, die von belarussischem Gebiet auf die Ukraine abgeschossenen Raketen sind schwer zu ignorieren. Die Worte Lukaschenkos über die Bedrohung der nationalen Sicherheit und die notwendigen Maßnahmen zur Durchführung der militärischen Unterstützung im Rahmen der Russisch-Belarussischen Union lesen sich so: „Putin hat für mich kein Geld mehr, weil ich ‚mit dem Westen befreundet sein will'."

Wenn man an Seelenwanderung glaubt, dann war Lukaschenko früher einmal eine große, erfolgreiche Kurtisane, die immer dem zu Diensten war, der am meisten Geld hatte.

Was gibt er als Nächstes zu? Dass Belarus ein besetztes Land ist? Dass das gemeinsame russisch-belarussische Militärmanöver „Entschiedenheit der Bündnispartner 2022" (im Februar 2022) erdacht wurde, um nicht von russischem, sondern von belarussischem Gebiet aus die Ukraine zu bombardieren? Und dass man die Verwundeten aus den Kriegsgebieten zu uns bringt und nicht in russische Krankenhäuser?

Es ist empörend, wie Lukaschenko sich die Idee des Unionsstaates zum Schaden unseres Landes hindreht, wie es ihm gerade passt. Und dass er nicht mehr den Unterschied zwischen den Worten „Handlanger“ und „Bündnispartner“ kennt. Für die einfachen Belarussen ist es längst offensichtlich, dass ihr Land faktisch von außen kontrolliert wird und Lukaschenko nur noch als Gauleiter (im Original deutsch; A. d. Ü.) fungiert.

Aber in seinem Wunsch nach unbedingtem Machterhalt ist Alexander Lukaschenko mittlerweile jedes Mittel recht. Nicht ausgeschlossen, dass er als nächstes erzählt, er selbst habe die Partisanenbewegung angeführt. Und dass er Landkarten zeigt, so wie er kürzlich im Kreml eine Karte des Angriffs der Ukraine auf Belarus zeigte und Putin für den Präventivschlag dankte.

Die echten belarussischen Partisanen hingegen riskieren heute ihre Freiheit und ihr Leben, um der Ukraine zu helfen. Sie deaktivieren zum Beispiel Eisenbahnsignale. Die Geschwindigkeit, mit der russische Panzer auf belarussischen Bahnstrecken transportiert werden können, beträgt deshalb nur noch 10-15 km/h. Und im Krieg ist Zeit ein wichtiger Faktor.

Kürzlich erst wurden drei solcher Draufgänger brutal verhaftet. Sie leisteten keinen Widerstand, aber die Polizei, die sie bereits festgenommen hatte, schoss ihnen in die Knie. Und kündigte an, beim nächsten Vorfall dieser Art gleich das Feuer zu eröffnen. Den Männern drohen langjährige Haftstrafen.

Lukaschenko sagt heute dies und morgen etwas anderes, nur um sein Gesicht zu wahren. Und unter den Sanktionen leiden nur die kleinen Leute in Belarus. Die schon jetzt unter der Armutsgrenze leben. Es ist noch nicht lange her, da sprachen wir Belarussen vom Gefühl der kollektiven Schuld daran, dass wir den Schrecken des Krieges zugelassen haben.

Mittlerweile haben wir erkannt, dass jetzt nicht die Zeit für Gefühle ist. Und die Schuld – das ist nicht die Schande aller Belarussen. Sondern die persönliche strafrechtliche Verantwortung von Alexander Lukaschenko und seiner Junta. Und wir Belarussen sammeln Geld, um ihnen Tickets nach Den Haag zu kaufen, wenn die Zeit dafür gekommen ist.

Lwiw, 27. April 2022

FAMILIE AUF DISTANZ

Roman Huba

Noch lange nach dem Zerfall der Sowjetunion waren persönliche Bindungen zwischen Russen und Ukrainern eng. Nach 2013 kühlten Beziehungen merklich ab.

Neulich habe ich aus Spaß gesagt, dass der Krieg eine gute Möglichkeit sei, unliebsame Verwandte loszuwerden. Nein, niemand wünscht ihnen den Tod, und glücklicherweise sterben sie auch nicht durch Kugeln oder Granaten. Es passiert einfach, wenn du in der Ukraine lebst und deine Verwandten in Russland sind.

Es fing damit an, dass man bei vorsichtigen Anrufen feststellen musste, dass man anscheinend unterschiedliches Fernsehen schaut. „Bei uns ist gerade Revolution auf dem Maidan." – „Nein, bei euch sind Faschisten", so begann für viele Ukrainer dieser Prozess im Spätherbst 2013. Und das war noch vor den Ereignissen auf der Krim und dem Krieg im Donbass. Das russische Fernsehen sprach vom „Recht auf Selbstbestimmung der Bewohner des Donbass" und über die „Rückkehr in den heimatlichen Hafen". Aus dem Telefonhörer klang das genau so.

„Alle glücklichen Familien ähneln einander, jede unglückliche Familie ist auf ihre eigene Weise unglücklich", schrieb Lew Tolstoi. Er dachte dabei natürlich nicht an die russisch-ukrainischen Beziehungen. Aber tatsächlich haben die Geschichten darüber, wie der Krieg Familien auseinanderbringt, ganz unterschiedliche Schattierungen.

Mein verstorbener Vater hatte einen älteren Bruder, der noch zu sowjetischen Zeiten in Moskau landete. Als ich Kind war, fuhren wir manchmal hin, in diese große, reiche Stadt, und mir kam sie vor wie ein Wunder. Alles in Moskau war toll, besonders, wenn man an einem Tag erst im Zoo und später im Zirkus sein konnte.

Im Jahr 2014 brachen unsere Beziehungen zur Moskauer Verwandtschaft nicht völlig ab, aber sie wurden deutlich distanzierter. 2018 starb mein Vater, und ich wurde zum Bindeglied zwischen den beiden Zweigen unserer Familie. Wie auch in vielen anderen Familien üblich bemühten wir uns, nicht über politische Themen zu sprechen.

Jetzt, nach Beginn des russischen Großangriffs auf die Ukraine, geht die Witwe meines Onkels nicht mal mehr ans Telefon. Und einige Tage vor Kriegsbeginn schrieb sie mir auf Social Media in die Kommentare, dass ich Faschist sei. Ich denke, das ist nur eine Geschichte von Hunderttausenden.

Viele meiner Freunde haben Eltern, Großeltern, Brüder und Schwestern in Russland. Im besten Fall beschreiben sie ihre Beziehungen als kompliziert, obwohl es auch Ausnahmen gibt. Der Bruch mit Verwandten aufgrund unterschiedlicher politischer Ansichten ist schmerzhaft. Doch die Praxis zeigt: Er kann reversibel sein.

Narva, 29. April 2022

DIE BRÜCKE NACH ESTLAND

Alexey Schischkin

Für russische Staatsbürger ist es schwierig, in die EU auszureisen. Man muss Gründe dafür haben. Zum Beispiel den, verfolgter Journalist zu sein.

„Danke für eure ehrliche Arbeit", sagt der Grenzer, als er uns im Rathaus von Narva absetzt. Die drittgrößte Stadt Estlands ist vom russischen Sankt Petersburg 150 Kilometer entfernt, der Fluss Narva ist die Grenze zwischen beiden Staaten. In der sowjetischen Zeit hatten das estnische Narva auf der einen und das russische Iwangorod auf der anderen Seite des Flusses sogar eine gemeinsame Wasserversorgung und ein gemeinsames Stromnetz.

Aktuell kommen Ukrainer und Russen über die Grenze nach Estland. Darunter auch Journalisten, politische und zivilgesellschaftliche Aktivisten und überhaupt Leute, die nicht bereit sind, in einem Schurkenstaat zu leben, der gerade einen Angriffskrieg führt. Über die Narva zu kommen ist ein Privileg. Man braucht ein Visum und sei es nur eines für Touristen, „Gründe" für das Verlassen Russlands. Diese Regel wurde während der Pandemie eingeführt und erwies sich als bequeme Möglichkeit für Russland, die Grenzen zu kontrollieren. Ausreisen können russische Staatsbürger nur, wenn sie in der EU arbeiten, nahe Angehörige besuchen oder eine medizinische Behandlung im Ausland ansteht.

Dieses letzte Schlupfloch nutze ich mit meiner Freundin. Wie Hunderte andere Russen buchen wir uns im Spa-Hotel in Narva „mit medizinischen Anwendungen" ein. Zahlen können wir mit der Geldkarte estnischer Freunde, unsere russischen werden nicht mehr anerkannt aufgrund der Aussetzung der Visa- und Mastercard-Systeme in der Russischen Föderation.

Zur Ausreise entschließen wir uns, nachdem die Website Bumaga, beziehungsweise deren Petersburger Zweig, für den ich arbeite, wegen der Berichterstattung über den Krieg in der Ukraine gesperrt wird. Kurz darauf erlitt der alternative Zerkalo das gleiche Schicksal, und einige Tage später wurden auch deren Konten in den russischen sozialen Netzwerken gelöscht. Wir liefen mit unseren Koffern vom russischen Grenzübergang Parusnika nach Narva-2 im Narvaer Industriegebiet.

Auf der russischen Seite stellen sie nur eine einzige Frage, und zwar nicht mir, sondern meiner Freundin: „Was haben Sie für ein Sternzeichen?“ Später erfahren wir, dass man so an der Grenze überprüft, ob man wirklich mit seinem eigenen Pass unterwegs ist. Auf der estnischen Seite warten wir lange, bis die Polizei von der Grenzübergangsstelle Narva-1 eintrifft. Diese Stellen hatten wir extra vermieden, weil wir gehört hatten, dass man dort bis zu fünf Stunden in der Ausreiseschlange wartet. Und auch, weil dort die Kontrolle durch die russische Seite strenger ist.

Etwa anderthalb Stunden kontrollierten die estnischen Zöllner unser Gepäck, detailliert fragten sie nach unseren Plänen für Estland. Das endgültige Argument dafür, dass sie uns in die EU ließen, war das Diplomzeugnis der Petersburger Fakultät für Journalisten am Boden meines Koffers und der Kasten „Am 12. März gesperrt von Roskomnadsor“, von der russischen Zensurbehörde also, auf der Website von Bumaga.

Nachdem sie unsere Pässe gestempelt hatten, boten die Grenzer an, uns bis ins Stadtzentrum zu bringen. Freiwillig in ein Polizeiauto einsteigen? Ziemlich ungewöhnliche Erfahrung nach unseren Erlebnissen in Russland. Aber wir steigen ein.

St. Petersburg, 30. April 2022

GEORGE ORWELL NEU LESEN

Olga Lizunkova

Der russische Krieg gegen die Ukraine dauert schon über zwei Monate. Und die russischen Nachrichten über diesen Krieg werden immer absurder.

Das Schlimmste, was mir hätte passieren können, wäre gewesen, mich an den Krieg zu gewöhnen. Aber ich habe mich daran gewöhnt. Der Schrecken und die Trauer der ersten Tage sind vorbei. Geblieben ist eine zähe, schleimige Niedergeschlagenheit. Um mich herum scheint alles wie mit Raureif überzogen, wie unter einer dicken Eisschicht. Seit zwei Monaten greifen alle psychischen Schutzmechanismen. Über alles, was wir konnten und nicht konnten, haben wir lange diskutiert, geschrieben, gestritten, gekämpft und uns wieder versöhnt. Und jetzt?

Bei uns im Büro haben wir aufgehört, die Nachrichten zu diskutieren. Nur alle paar Tage fragt jemand: „Was ist mit den Verhandlungen, haben sie sich geeinigt?“ Nein, sie haben sich nicht geeinigt. Vermutlich werden sie sich nie einigen. Vermutlich wird es lange dauern, vielleicht hört es nie auf. Dieser Krieg dauert schon zwei Monate, die wie eine Ewigkeit erscheinen.

Ich schreibe meiner Freundin eine Nachricht, und frage, wie es ihr geht. Sie antwortet: „Wie es allen geht. Kind, Haushalt, Job, Krieg.“ „Wie es allen geht“ – das ist die beliebteste Antwort gerade. Man sagt natürlich nicht „schlecht“. Denn „schlecht“ ist es nicht bei uns, sondern dort, wo geschossen wird. Und „normal“ antwortet man auch nicht mehr. Weil es „normal“ ist, wenn kein Krieg ist oder wenn man ihn vergessen hat. Aber wir haben ihn nicht vergessen. Wir haben uns daran gewöhnt. Der Krieg ist einfach da.

War es vor einem Monat noch unmöglich, sich vom Strom der Nachrichten zu lösen, verbringt man damit jetzt noch etwa eine Stunde pro Abend: Analysen, eine Reportage aus der Ukraine, und natürlich die russischen Nachrichten – eine wilder als die andere. „Ein Kindertrainer wurde beschuldigt, die Streitkräfte zu diskreditieren. Er hat den Buchstaben Z von der Tür einer Sportschule entfernt."

„Ein Lehrer wurde wegen eines Posts über den Krieg in den sozialen Medien entlassen." „Von September an wird am Anfang jeder Unterrichtswoche in den Schulen die Nationalhymne gesungen." „In Kurgan verkauft man jetzt Osterkuchen, die mit dem Buchstaben Z verziert sind."

Und zwischen all dem in den Regionalnachrichten tauchen neue Bilder gefallener Soldaten auf. Wenn ich mit der Metro zur Arbeit fahre, achte ich manchmal aus Neugier darauf, welche Bücher die anderen Fahrgäste lesen. Schon mehrmals habe ich dabei „1984" von George Orwell entdeckt. Das ist, so scheint mir, überhaupt das meisterwähnte Buch der letzten Monate.

Wenn man darüber spricht, fügt man jetzt noch einen traurigen Scherz an: „Zu spät, jetzt noch Orwell zu lesen. Wir leben schon längst in seiner Realität."

Moskau, 8. Mai 2022

SIEGESFEIER AN DER HEIMATFRONT

Xenia Babich

In Russland wandelt sich der Tag des Kriegsendes 1945 zunehmend vom stillen Gedenktag zu einer militärischen Feierlichkeit. Und diesmal?

Seit 2005 wird der 9. Mai in Russland mehr und mehr zu einem „Feiertag", statt wie früher ein Gedenktag zu sein. Damals flogen an diesem Tag erstmals Kampfflugzeuge über den Roten Platz, und das Georgsbändchen als Symbol tauchte auf. Ab 2008 waren bei der jährlichen Parade auch schwere Militärfahrzeuge zu sehen. Nach und nach begann das Feiern des Sieges das Gedenken abzulösen. Aus einem freien Tag wurde ein patriotisches Format, das eine klare Stellungnahme und eben das Feiern verlangte, und nicht stilles Gedenken oder gar Trauer.

Als ich noch zur Schule ging, schrieben meine Klassenkameraden und ich Postkarten an die Veteranen des Großen Vaterländischen Kriegs, wie der Zweite Weltkrieg bei uns genannt wird, und brachten sie ihnen nach Hause. Wir überreichten ihnen am 9. Mai Blumen und Süßigkeiten, die wir selbst gekauft hatten.

Für uns war es wichtig, ihnen gegenüber unsere kindliche Dankbarkeit auszudrücken: dass sie die schrecklichen Kriegsjahre überstanden hatten, für ihre Tapferkeit und dafür, dass wir Kinder in Freiheit, ohne fremde Invasoren leben konnten. In meiner Kindheit kamen Veteranen in den Schulunterricht und erzählten von all dem Schrecklichen, das sie erlebt und nie vergessen hatten. Wir Schüler sagten: „Nie wieder". Und heute bringt man den russischen Schulkindern bei: „Das können wir noch mal machen".

Die Aktion, die aus der zivilen Initiative „Unsterbliches Regiment" hervorgegangen ist, hat der Staat den Journalisten, die sie erfunden haben, quasi gestohlen und zu einem neuen staatlichen

Ritual gemacht. (Bei der Aktion am 9. Mai tragen die Menschen auf einem Gedenkmarsch Bilder ihrer Angehörigen, die im Zweiten Weltkrieg gekämpft haben; A. d. Ü.)

An den Paraden nahmen plötzlich auch Staatsbeamte und der russische Präsident teil. Sie wurden zu einer Massenveranstaltung in immer mehr Städten des Landes. Das persönliche Erinnern an den Krieg in der Familie wurde plötzlich öffentlich. Und darüber hinaus begann nun der Staat vorzuschreiben, wie man diese Erinnerungen zu leben, begehen und bewerten habe.

Jetzt schaue ich mir das alles im Jahr 2022 an: Die Werte, die mir seit meiner Kindheit vertraut waren, sind verschwunden. Dafür gibt es eindeutige Positionen und strahlende Bilder vom „russischen Sieg" und vom „Kampf gegen den neuen/alten Nazismus". Heute ist der Tag des militärischen Sieges einer ohne dunkle Seite: Leiden, Gewalt, Tod, Vergewaltigungen und Verlust bleiben außen vor. Und so kann der Staat den schrecklichsten Tag in einen unreflektierten staatlichen Feiertag verwandeln.

Der städtische Raum Moskaus wird nach und nach standardmäßig geschmückt: mit Georgsbändchen und roten Flaggen. In den Souvenirläden gibt es viele Symbole der neuen Kriegszeit mit den Buchstaben, mit denen moderne Soldaten sich und ihre Waffen kennzeichnen.

Täglich tauchen immer mehr Plakate und Fahnen auf, aber denkt irgendjemand daran, dass das alles gleichzeitig mit den offiziellen Berichten von der aktuellen Kriegsfront einhergeht: mit Kriegsverbrechen, einer riesigen Flüchtlingskrise, den täglichen Nachrichten von getöteten Zivilisten in der Ukraine und Bildern von den zerbombten ukrainischen Städten? Und dass ein Feiertag in diesem unendlichen Leid gar nicht mehr existiert?

Lwiw, 9. Mai 2022

DER KRIEG IM DONBAS

Roman Huba

Der Autor erlebt bereits den zweiten Krieg in seiner Heimat. Vor acht Jahren floh er vor Verfolgung aus seiner ostukrainischen Heimat.

Eine sehr beliebte Formulierung der Befürworter von Russlands Krieg gegen die Ukraine ist: „Wo waren Sie die letzten acht Jahre?" Auf diese rhetorische Frage muss man nicht antworten. Denn sie zielt im Wesen darauf ab, dass die Ukraine acht Jahre lang Krieg gegen die Separatisten im Donbas geführt hätte und es deshalb, so sagen sie, jetzt keinen Grund gebe, sich darüber zu empören, dass die russische Armee ukrainische Städte bombardiert.

Ich bin bereit, zu erzählen, was ich vor acht Jahren getan habe, als Russland meine Heimat überfallen hat.

Es war ein noch ziemlich kühler Frühlingstag, der 12. April 2014, der „Tag der Kosmonauten". Ich bin zwanzig Jahre alt, ich habe lange lockige Haare und bin Student an der Pädagogischen Hochschule in Slawjansk. Mein Studium läuft schleppend, ich gehe selten in die Uni, weil ich noch zwei Jobs habe: tagsüber arbeite ich als Nachrichtenredakteur einer lokalen Tageszeitung und abends als Filmvorführer in einem kleinen Kino.

An diesem Tag bat ich einen Kollegen, mich zu vertreten, aber trotzdem bin ich nicht zur Arbeit zurückgekommen. An diesem Morgen kam die Einheit des Rebellen-Kommandanten Igor Girkin, genannt Strelkow, ehemaliger Mitarbeiter des russischen Geheimdienstes FSB, und besetzte die städtische Polizeiwache. Und am Abend wehte über dem Rathaus von Slawjansk die russische Flagge.

Im Laufe des Tages wurden überall Kontrollposten errichtet, Hubschrauber kreisten über der Stadt, und die Macht in der Stadt ging schließlich an Bewaffnete über.

Am fünften Tag nach der Einnahme der Stadt kamen sie auch zu mir. Ich war in mehreren Fernsehsendern zu sehen gewesen und das hatte ihre Aufmerksamkeit erregt. Gerettet hat mich einzig und allein, dass ich während der Hausdurchsuchung in einem anderen Wohnheimzimmer war. Der banale Wunsch, mit Freunden eine Tasse Tee zu trinken, hat meine Gesundheit und vielleicht sogar mein Leben gerettet. Am nächsten Morgen fuhr ich nach Lwiw, ans andere Ende der Ukraine.

Nach 2015 gab es keine größeren Zusammenstöße mehr und ungeachtet der Opfer unter der Zivilbevölkerung und den Streitkräften schien der Krieg wirklich in Vergessenheit zu geraten. Ich selbst dachte, dass der Krieg zwar nicht aufgehört, aber doch zumindest in das Stadium eines eingefrorenen Konflikts übergegangen war.

24. Februar 2022. Ich bin 28 Jahre alt, ich habe lockige Haare mit grauen Schläfen. Ich liege auf der Couch einer Kyjiwer Mietwohnung, vor meinen Fenstern hört man dumpfe Explosionen. Einer der ersten Gedanken, die mir in den Kopf kamen, war: Für mich ist das schon der zweite Krieg in Folge. Ich habe den ersten überstanden, ich werde auch den zweiten überstehen. Koffer, Wohnungsschlüssel, Lwiw.

Ich war nicht bereit, weder für den ersten noch für den zweiten Krieg. Der zweite fühlte sich an, als habe es eine persönliche Verschnaufpause gegeben, die plötzlich vorbei war. Sowohl 2014 als auch 2022 wurde viel über die Möglichkeiten eines Krieges gesprochen, aber ich habe es geschafft, mir selber etwas vorzumachen. Und bin zweimal darauf hereingefallen.

Am fünften Kriegstag habe ich mir die Haare abgeschnitten, aber die grauen Schläfen wurde ich trotzdem nicht los. Werde ich mich in acht Jahren an diese Tage erinnern?

Odessa, 10. Mai 2022

OHNE WASSER UND UNTER BESCHUSS

Tatjana Milimko

Im südukrainischen Mikolajiw wurde die Wasserversorgung durch eine Rakete lahmgelegt. Eine Sammelaktion in Odessa bringt schnell Hilfe.

Wasser ist Gold wert. Schon fast eine Woche gibt es in Odessas Nachbarstadt Mikolajiw kein Wasser mehr. Eine russische Rakete hat die Hauptleitung der zentralen Wasserversorgung getroffen. Die Menschen aus Odessa haben sofort eine Sammelaktion begonnen, um ihrer Nachbarstadt zu helfen. Auf eine der Hauptstraßen der Stadt brachten sie Wasserbehälter – innerhalb weniger Stunden waren es mehrere Tausend Kanister, Flaschen und Dosen. Alle brachten sie Wasser: von kleinen Kindern bis zu berühmten Künstlern.

Die Behörden von Mikolajiw hatten die Nachricht über die zerstörte Wasserversorgung zunächst nicht öffentlich gemacht, und die großangelegte Wassersammlung hatte niemand angekündigt. Aber nachdem die Menschen in Odessa vom Unglück ihrer Nachbarn erfahren haben, beschlossen sie sofort, ihnen selbst zu helfen. An diesem Tag wurde ein Freiwilligenzentrum eingerichtet, koordiniert wird es von Natalja Bogatschenko. Sie erzählt von der Sammelaktion.

„Wir haben schon einen Lkw voller Wasser losgeschickt. Es fahren auch Busse. Die große Sammelaktion hat begonnen, kaum dass die Informationen über das Problem öffentlich wurden. Alles, was sie hier sehen, haben wir an einem Tag gesammelt. Und das ist noch lange nicht das Ende. Ich denken, dass wir insgesamt sicher zwei, drei 18-Tonner voll bekommen", sagt Bogatschenko.

Wenn das Wasser in Mikolajiw ankommt, stellen sich die Einwohner sofort in Schlangen an. Ohne Wasser und unter Beschuss – das ist eine schreckliche Situation für die Bewohner. Die russische Armee greift die Stadt und ihre Umgebung seit den ersten Kriegstagen an, es sind schon große Schäden entstanden. Aber die Stadt hält weiter durch. Und in Odessa versteht man, dass es in der Stadt auch dank der Standhaftigkeit ihrer Nachbarn noch vergleichsweise ruhig ist. Mikolajiw hält den Vormarsch der Besatzungsarmee auf.

Außer Wasserkanistern haben die Odessiten auch spezielle Wasserfahrzeuge geschickt, die eine Woche vor Ort bleiben. Sie liefern Wasser in verschiedene Gebiete und kommen dann zurück, um die Tanks zu füllen und dann erneut losfahren.

Die Menschen in Mikolajiw machen schon Witze, dass sogar im Dschungel während großer Dürreperioden Tiere sich gegenseitig bei der Wasserversorgung helfen.

Die Wasserversorgung von Mikolajiw wird wieder instand gesetzt, aber das ist unter dem ständigen Beschuss äußerst schwierig. Die Menschen in Odessa sind bereit, ihren Nachbarn auch weiterhin zu helfen. So viel und so lange, wie es nötig ist.

Tbilissi, 13. Mai 2022

MIT VISUM IN DIE KNEIPE

Sandro Gvindadze

Immer mehr Menschen aus Russland kommen nach Georgien. Vielen Georgiern gefällt das nicht. Eine Kneipe hat sich eine Art Gesinnungstest ausgedacht.

45.000 Russinnen und Russen sind im März nach Georgien gekommen. Das sind 430 Prozent mehr als ein Jahr zuvor. Der Migrantenzustrom wird bisher nicht statistisch erfasst, die Zahlen sind nur Schätzungen. Aber im Stadtzentrum von Georgiens Hauptstadt Tbilissi, in den Bars und Restaurants, hört man jetzt deutlich häufiger Russisch.

Zwanzig Prozent des georgischen Staatsgebietes sind russisch besetzt. Den Krieg in der Ukraine sehen die meisten Georgier und Georgierinnen auch als Angriff auf ihr eigenes Land. Viele freuen sich nicht über die vielen russischen Neuankömmlinge und fordern, für sie eine Visumspflicht einzuführen. Oder sie zumindest an der Grenze genauer zu kontrollieren.

Aber die georgische Regierung plant keinerlei Änderungen bei den Einreiseregelungen. Deshalb hat eine Bar im Zentrum von Tbilissi jetzt quasi einen Alleingang bei der Visumspflicht beschlossen. Um ein Einlass-„Visum" für die Bar zu bekommen, müssen russischsprachige Besucher ein englischsprachiges Formular mit mehr als 15 Fragen ausfüllen, in dem sie zum Beispiel bestätigen, dass sie die russischen Aggressionen verurteilen.

An einem Freitagabend ist die Bar wie gewöhnlich voll. Zum Wochenende zahlt man hier umgerechnet 3 Euro Eintritt. Das Geld geht als Spende in die Ukraine. Auf der Terrasse hängen Zettel mit dem Titel des Schmähliedes „Putin Chuilo". Ein anderer Aushang verkündet: „Günstige Wohnungen". Der QR-Code darunter führt zu einem Video, das die brutalen Kriegsverbrechen der russischen Armee in der Ukraine zeigt.

In der Bar gab es ungefähr zwei Wochen nach Kriegsbeginn einen Vorfall, eine politische Diskussion zwischen russischsprachigen Gästen und Georgiern, die in eine Schlägerei ausartete. Seitdem gibt es die Einlasskontrolle. Was vielen nicht gefällt.

„Wer hier was über Diskriminierung und Faschismus krakeelt, sollte mal in sein eigenes Land schauen", sagt dazu eine junge Frau hinter der Bar. Sie findet, dass russische Staatsangehörige sich für das Handeln ihrer Regierung verantwortlich fühlen sollten und der „Visumsantrag" eine der einfachsten Möglichkeiten sei, dies zu überprüfen.

Außerdem stehen russischen Touristen auch ohne diese eine Bar genug Möglichkeiten zum Ausgehen offen. Nach dem Beginn des Krieges haben Hunderte Russen und Russinnen in Georgien Firmen und kleine Unternehmen registrieren lassen. Im Stadtzentrum gibt es Bars und Cafés, wo das Personal kein Georgisch spricht.

Aber einige der Russinnen und Russen, die seitdem nach Georgien gekommen sind, geben zu, sich hier nicht wohlzufühlen. Sie berichten von Feindseligkeiten und Aggressionen. Das ist ihnen unangenehm – denn schließlich haben sie Putin nicht unterstützt. Einige von ihnen haben Russland verlassen, um in Freiheit leben zu können.

Lwiw, 21. Mai 2022

EINANDER KENNENLERNEN

Rostyslav Averchuk

Durch den russischen Angriffskrieg sehen viele Ukrainer ihr Land in einem anderen Licht. Dabei lernen sie Menschen und Orte ganz neu kennen.

Von Beginn der russischen Invasion an konnte ich meine Augen nicht mehr von der Ukrainekarte abwenden. Immer wieder habe ich darauf nach Städten gesucht, von denen ich viele erst durch die Frontberichte kennenlernte. Und von denen ich vorher noch nie gehört hatte.

Der Krieg hat die Ukrainer dazu gezwungen, sich einander anzunähern und kennenzulernen. Denn früher kannten wir unser großes Land eher schlecht und waren oft in Stereotypen gefangen. Politiktechnologen konnten deshalb häufig über das Thema Sprache und verschiedene historische Helden aus unterschiedlichen Landesteilen spekulieren.

Den oft uneffizienten und ungerechten ukrainischen Staat assoziierten viele in dem industriellen Osten und Süden der Ukraine mit der sinkenden Lebensqualität nach dem Zerfall der Sowjetunion und dem anschließenden schmerzhaften wirtschaftlichen Transformationsprozess.

Die Menschen, noch geprägt durch die sowjetische Propaganda, misstrauten damals den patriotischen Parolen der Westukrainer.

Ukrainischsprachige Ukrainer fühlten sich manchmal noch unwohl in den großen Städten der Zentral- und Ostukraine, wo sich infolge der gezielten Politik des Russischen Reiches und der Sowjetunion die russische Sprache durchgesetzt hatte.

Solche Unterschiede sind nicht spezifisch für die Ukraine und hätten nicht zu unlösbaren Problemen geführt. Aber unser nördlicher Nachbar und einige skrupellose Politiker fokussierten sich darauf und schürten gegenseitiges Misstrauen und Entfremdung.

Und heute suchen Hunderttausende Menschen aus Charkiw, Sumy und Mykolajiw schon den dritten Monat vor den russischen Bomben Schutz in der Westukraine, die sie früher bestenfalls durch Kurzurlaube dort kannten.

Und die Menschen aus Lwiw und Ternopil ihrerseits sehen, wie die russischsprachigen Ukrainer als erste die Angriffe der russischen Streitkräfte abbekamen und so die ganze Ukraine schützen.

Das alles ist natürlich nicht wie ein Wundertrank, der alle unsere Probleme mit einem Schlag löst. Wir werden noch lange immer wieder mal in Turbulenzen geraten, während wir unser Land verteidigen, die Wunden verheilen lassen und einen effizienteren und gerechteren Staat aufbauen. Wir werden uns hin und wieder noch über Sprachen streiten und uns wegen unterschiedlicher Meinungen über die Zukunft unseres Landes beschimpfen.

Aber ich möchte sehr gerne glauben, dass wir jetzt neue, und endlich auch gemeinsame Symbole und Helden haben. Und vor allem: das Verständnis dafür, dass wir – Einwohner von Iwano-Frankiwsk, Krywyj Rih und Kramatorsk – jetzt ein für allemal über eine gemeinsame Zukunft „abstimmen“, da wir einander in dieser schwierigen Situation unterstützt haben. Und dass jeder von uns, wo auch immer in der Ukraine er gerade ist, sich dort zu Hause fühlt.

Denn wenn der Krieg zu Ende ist, fahre ich auf jeden Fall zum ersten Mal in meinem Leben nach Mariupol, Tschernihiw und Isjum.

St. Petersburg, 25. Mai 2022

FÜR WEISSKOHL REICHT'S

Olga Lizunkova

Dass Elektronik teurer wird, können die meisten Russen verschmerzen. Dafür hatten sie schon vorher kein Geld. Anders sieht es bei Lebensmitteln aus.

Mama kocht Borschtsch und klagt über die Preise für Weißkohl. „Ich hab den für 90 gekauft, kannst du das glauben? Früher hat der 30 gekostet!"

Natürlich kann ich das glauben.

Anfang März stiegen aufgrund der Abwertung des Rubels und der Einfuhrbeschränkungen die Preise für Elektronik und Technik um etwa 30 bis 50 Prozent. Jetzt ist der Dollarkurs zum Rubel sogar niedriger als im Februar, und die Preise liegen in etwa wieder da, wo sie vor den Sanktionen waren.

Außerdem wurden in Russland Parallelimporte erlaubt: Noch bevor die Geschäfte ihre Lagerbestände verkauft hatten, hat das Ministerium für Industrie und Handel die Einfuhr einiger Waren ohne Erlaubnis des Urheberrechteinhabers über Drittländer legalisiert. Die Liste der betroffenen Waren ist lang: Von Streichhölzern bis zu Autos. iPhones etwa kann man nicht mehr über die offizielle Website von Apple kaufen, aber bei re-store und in anderen Geschäften – bitte schön, kein Problem.

Für die meisten Russen ist dieser ganze iPhone-Rummel übrigens nichts weiter als eine interessante Beobachtung. Ein iPhone 13 kostet um die 100.000 Rubel (circa 1.400 Euro). In der russischen Provinz beträgt das Durchschnittsgehalt kaum mehr als 40.000 Rubel (600 Euro). Dort lebt man übrigens schon immer, als gäbe es Sanktionen.

Wenn sie hören, welches ausländische Unternehmen sich gerade als nächstes vom russischen Markt zurückzieht, zucken die meisten Russen nur mit den Schultern: Sie haben sowieso nicht viel, für sie ändert sich nichts. Sie leben auch ohne neuen Staubsauger und Parfum.

Die Lebensmittelpreise sind eine andere Sache. Buchweizen und Zucker waren ausverkauft: Die Menschen hatten Angst vor Defiziten und Preisanstieg. Gewissermaßen hatten sie recht. Die Lebensmittelpreise sind letzten Monat um 20 Prozent gestiegen. Aber auch Hunger macht uns natürlich keine Angst. In den Geschäften ist nach wie vor alles da, und selbst wenn es keine Schweizer Schokolade mehr gibt und kein Olivenöl – Geld dafür hat man ja sowieso nicht. Für Weißkohl sollte es aber reichen.

Aber hol ihn der Teufel, diesen Weißkohl! Wie sieht es denn mit ausländischen Lizenzen aus? Bei uns im Büro läuft bald die Nutzungsfrist für das Adobe-Paket aus, und wie wir die Verlängerung von Russland aus bezahlen sollen – das wissen wir nicht. Noch vor einigen Monaten wurde in staatlichen Kreisen ernsthaft darüber nachgedacht, unlizensierte Programme zu legalisieren. Diese Idee hat man dann wieder verworfen und vorgeschlagen, lieber den Übergang zu russischer Software zu forcieren.

Tja, dann warten wir halt so lange mit dem Weiterarbeiten. Wir kaufen dann einfach heimische Hühnchen statt importiertes Rindfleisch und Äpfel statt Mangos. Bis wohin das gehen soll, weiß ich nicht. Aber bitte, niemand übertrifft uns Russen in der Fähigkeit zu leiden und auszuhalten, und das fällt uns jetzt böse auf die Füße.

Jerewan, 27. Mai 2022

UNBEMERKTE TODE IN ARMENIEN

Sona Martirosyan

Was in einem kleinen Land wie Armenien passiert, wird oft nicht wahrgenommen. So erregte der Krieg um Bergkarabach 2020 wenig Aufmerksamkeit.

Vor anderthalb Jahren, als in Armenien Krieg war, habe ich jeden Tag vor dem Einschlafen und nach dem Aufstehen gebetet. Ich habe gebetet, dass jemand den Armeniern hilft. Irgendjemand auf dieser Welt. Doch niemand kam. Die Welt hat zugesehen und zugehört, wie friedliche Menschen umgebracht wurden, wie 18-jährige Jungen hingerichtet wurden, wie 80-jährige hilflose Menschen enthauptet wurden.

In diesen Tagen blicken die Armenier auf die Ukraine, deren Leid Zeugen hat und wo die Todesfälle sichtbar gemacht werden für die Welt. Denn gemäß dem allgemein akzeptierten Standard ist es in Ordnung, „kleine Tode" zu übersehen, und in Armenien gab es viele davon.

Unsere Niederlage in dem 44-tägigen Krieg hat gezeigt, dass unser Land völlig alleine dasteht. Die Frage nach seiner Existenz spielt nur für uns selbst eine Rolle, für niemanden sonst. Wir wurden von der ganzen Welt beleidigt.

Heute demonstrieren immer noch Menschen in Jerewan, wofür, ist schwer zu sagen. Aber die einfachen Leute, die auf die Straßen ziehen, wollen etwas ganz Einfaches: dass ihre einsame kleine Heimat nicht aufhört zu existieren. Besonders jetzt, wo ein neuer Krieg zwischen allen großen Ländern der Welt plötzlich so nahe scheint und die Interessen dieser Staaten hier bei uns in Armenien kollidieren könnten. Die Ukraine ist in Wirklichkeit für die Welt überhaupt nicht wichtig. Doch das Gewissen der Welt ist jetzt ruhig, weil ihr „heiliger" Krieg in der Ukraine stattfindet. Und die Welt wird bis zum letzten Ukrainer für sich kämpfen.

Ich habe viele ukrainische Freunde, und nicht einer von ihnen hat mich während dieser ganzen Kriegszeit in Armenien auch nur ein Mal gefragt, ob wir noch am Leben sind oder nicht. Habe ich einen meiner ukrainischen Freunde gefragt, ob er noch am Leben ist oder nicht? Ich bin beleidigt, weil ich verloren habe.

Aber ich bete für ihr Land, das so schön ist, und für alle dort lebenden Menschen, dass sie am Leben bleiben mögen. Ich bete, dass ihr Land nicht allein bleibe, dass es also nicht zum Verlierer wird. Ein Verlierer, der sich von der ganzen Welt gedemütigt fühlt.

Aber noch mehr bete ich für mein Land. Denn jeder Schuss, der im aktuellen Krieg in der Ukraine fällt, hätte auch in Armenien fallen können. Nur hätte die Patrone hier für einen „kleinen Tod" gesorgt, der unbemerkt geblieben wäre – gemäß dem allgemein akzeptierten Standard auf der Welt.

Riga, 1. Juni 2022

NICHT MEHR ALS EIN KOFFER

Maria Bobyleva

In Riga sprechen viele Menschen neben Lettisch fließend Russisch. Eigentlich ideal für russische Migranten. Aber es fühlt sich trotzdem falsch an.

Ich war sicher schon zwanzigmal in Riga – in meinem früheren Leben. Und hätte mir nie vorstellen können, dass ich aus Moskau ausgerechnet hierher kommen würde. Ohne Rückfahrkarte. Ich hätte mir übrigens einiges nicht vorstellen können: dass dieser Krieg tatsächlich stattfinden würde, dass ich wirklich gezwungen sein würde, mein Land zu verlassen, und auch nicht, dass das so abrupt passieren würde, mit nicht mehr als einem Koffer.

Dieses Riga, das ich bis dahin kannte – eine kleine, gemütliche, im Vergleich zu Moskau fast dörfliche Stadt, in die man übers Wochenende fuhr –, musste ich vergessen. Und stattdessen ein neues Riga für mich entdecken – meine neue (temporäre?) Heimat. Schön, sonnig, friedlich, mit Freunden, die mir sehr geholfen haben. Aber gleichzeitig total fremd: Ich sollte hier nicht sein.

Dabei ist Riga gerade für eine solche erzwungene Emigration ideal. Unter den drei baltischen Staaten ist Lettland das Land, wo noch am meisten Russisch gesprochen wird. Nach dem Zerfall der Sowjetunion erklärte Lettland am 4. Mai 1990 seine Unabhängigkeit und machte sich sofort zielstrebig auf den Weg zurück nach Europa. Ein Teil der russischsprachigen Bevölkerung aber blieb im Land.

Daher hört man sogar noch jetzt – obwohl die Staatssprache natürlich Lettisch ist – überall Russisch. Aushänge und Inserate gibt es oft auch in zwei Sprachen, in Geschäften, Cafés und Polikliniken spricht das Personal neben Lettisch auch Russisch. Eine Ausnahme sind vielleicht Bars mit überwiegend jugendlichem Publikum.

Mir war es auch früher schon unangenehm, hier Russisch zu sprechen. Dabei dachte in nicht in der Kategorie „imperiales Bewusstsein". Ich hatte vielmehr das Gefühl, es sei nicht gut zu meinen, dass in einem fremden Land alle Russisch sprechen müssten. Deshalb sprach ich Englisch, wie auch sonst im Ausland.

Aber jetzt war es mir wirklich peinlich, überhaupt den Mund aufzumachen. In meinen ersten Wochen in Riga habe ich draußen ausschließlich Englisch gesprochen. Aber dann wechselten etwa Kassiererinnen einfach ins Russische, wenn sie hörten, wie wir untereinander sprachen. Irgendwann hörte ich dann auf, mir wegen der Sprache Sorgen zu machen.

Ich hatte angenommen, dass ich hier auf eine Art Feindseligkeit gegenüber den Russen stoßen würde. Aber das war absolut nicht der Fall. Zwar hängen überall ukrainische Flaggen, Sticker, auf denen steht „PTN FCK" und „Russisches Kriegsschiff- f*ck dich". Und gegenüber der russischen Botschaft hängt ein riesiges Plakat mit einem Schwarzweißporträt von Putin, auf dem sein Gesicht wie ein Schädel aussieht. Aber das beleidigt nicht mich als Mensch aus Russland.

Mein Land hat nur noch wenig Ähnlichkeit mit einem Staat. Ich würde auch in Moskau eine ukrainische Flagge aufhängen und den Satz über das russische Kriegsschiff stickern, aber dafür gibt es dort jetzt keine Geldstrafen mehr. Man kann dafür gleich in den Knast kommen. Sogar Leute, die nur Zettel mit Aufschriften wie „Frieden für die Welt", „Kein Krieg" oder „Du sollst nicht töten" hochhalten, kommen hinter Gitter.

Riga ist sehr ruhig und freundlich. Zu allen, unabhängig von Nationalität und Staatsangehörigkeit. Aber nur, solange man keine Kriegsverbrecher unterstützt.

Odessa, 1. Juni2022

„MAMA, WANN IST DER KRIEG ZU ENDE?"

Tatjana Milimko

Wie kann man den eigenen Kindern erklären, warum die russischen Invasoren noch da sind? Erfahrungen aus Odessa.

Vor dem Einschlafen kommen diese Fragen, die zu beantworten mir besonders schwer fallen: „Mama, wann können wir mal wieder unsere Freunde besuchen?" „Mama, wann ist der Krieg zu Ende?" „Mama, wann kann ich mich zum Schlafengehen endlich wieder ausziehen?" Seit Kriegsbeginn schlafen wir in unserer Kleidung. Weil es auch während der Nacht Luftalarm gibt und man schnell in den Schutzraum muss.

Tagsüber verhalten sich meine Söhne wie früher. Sie spielen, füttern Tiere, haben immer ein Stückchen Wurst für die Hunde und Katzen der Nachbarschaft in der Tasche. Aber bei Sonnenuntergang kann ich sehen, wie ihre Augen sich mit Angst und Hoffnungslosigkeit füllen, wie sie versuchen, sich erwachsen zu benehmen, aber gleichzeitig mit den Tränen kämpfen. „Mama, warum gehen die nicht weg?", „Mama, ich will, dass das Böse stirbt." Meine Kinder – aufgewachsen mit Märchen über das Gute und das Böse – wissen, dass Krieg das Böse in Reinform ist, dass die, die diesen Krieg begonnen haben, böse Menschen sind.

Bis Kriegsbeginn haben wir wegen Covid-19 zwei Jahre mehr oder weniger isoliert gelebt. Vorm Schlafengehen habe ich mir für sie Geschichten darüber ausgedacht, wie Wale im Weltraum herumreisen, wie Wal-Astronauten Hindernisse überwinden müssen, wie sie Freunde finden. Jetzt kann ich mir nicht mal mehr Geschichten ausdenken. Es ist, als wäre ich selber vermint, ich muss gut aufpassen, nicht zu detonieren, weil meine Druckwellen auch sie treffen würden.

Ich weiß genau, dass Kinder Erwachsene beobachten und von ihnen lernen. Darum bemühe ich mich sehr zu lächeln, mir Ablenkungen auszudenken, ihnen beim Lernen zu helfen. Aber sobald ich aufhöre, um selber mal ein bisschen durchzuatmen, höre ich: „Mama, die bringen dich doch nicht bei deiner Arbeit um, oder? Und Oma?" Ich bin Journalistin. Meine Mama – ihre Großmutter – ist bei der Polizei. „Nein, meine Lieblinge, die bringen uns nicht um ..."

„Mama, warum sprechen wir eigentlich Russisch?"

An den Schulen in Odessa haben die Ferien begonnen. Die Jungs haben über Videocalls mit ihren Lehrern und Mitschülern geredet, sie haben sich versprochen, sich im September wiederzusehen. Es ist schwierig, über solch einen langen Zeitraum hinweg zu planen. Unsere Pläne reichen eigentlich nicht weiter als ein paar Minuten.

Und diese Minuten versuchen wir in guter Stimmung zu verbringen, trotz allem. Wir sind aus der Stadt an einen sichereren Ort gezogen, unsere Wohnung lag in der Nähe des Flughafens. Am Stadtrand gehen wir angeln. Aber selbst dort drehen sich alle Gespräche um den Krieg: „Mama, warum sprechen wir eigentlich Russisch? Ich will nicht, dass die denken, ich sei Russe. Ich bin doch Ukrainer!", „Mama, warum ist das Böse immer noch nicht tot? Wir sind doch die Guten ..."

Was ich wirklich überhaupt nicht will, ist, mit den Kindern über den Tod zu sprechen, aber ich wünsche mir auch, dass das Böse stirbt. Wie man mit all dem umgeht, weiß ich nicht. Kein Lehrbuch, kein Psychologe hat darauf eine Antwort. Seit drei Kriegsmonaten beantworte ich alle Fragen meiner Kinder intuitiv, nehme sie fest in den Arm – und verspreche, dass ich zum Kriegsende ein Buch mit den Märchen herausgebe, die ich mit ihnen in dieser schweren Zeit geschrieben habe.

In diesem Buch wird das Böse bestraft und die, die zum Fortgehen gezwungen wurden, können nach Hause zurück.

Lwiw, 3. Juni 2022

DIE NEUEN TAXIFAHRER

Roman Huba

Während ukrainische Frauen und Kinder vor dem Krieg ins Ausland geflohen sind, dürfen Männer nicht ausreisen. Viele stranden im grenznahen Lwiw.

Während meines ersten Evakuierungsmonats in Lwiw habe ich mich vor allem per Taxi fortbewegt. Nicht, weil plötzlich der Reichtum bei mir ausgebrochen wäre. Ich bin vor allem zum Bahnhof gefahren. Oder vom Bahnhof in die Stadt – meistens nachts. Ich fuhr zum Bahnhof, um Bekannte oder Verwandte abzuholen und ihnen zu helfen, sich in der unbekannten Stadt zurechtzufinden bzw. weiterzufahren, bis zur Grenze. Zuerst begleitete ich meine Schwester, anschließend meine Mutter.
Aber ich möchte nicht über die Passagiere sprechen, sondern über die, die uns fuhren. In Zeiten wie diesen kann jeder Taxifahrer sein. Man braucht dafür nur Auto und Smartphone. Schnell habe ich gelernt, einheimische Taxifahrer von zugezogenen zu unterscheiden.

Ihre Geschichten ähneln einander oft. „Ich bin mit meiner Familie aus (hier den Namen der Stadt eintragen, oft eine russisch besetzte), aber meine Frau ist mit den Kindern weitergefahren, ich bin geblieben" – so ungefähr klingt es bei allen. Männer im wehrpflichtigen Alter dürfen die Ukraine nicht verlassen, deshalb erwartet Familien an der Grenze ein kurzer Abschied. Und dann sind die Männer oft sich selbst überlassen. Sehr viele Möglichkeiten haben sie nicht gerade.

Sie können zum Kreiswehrkommando gehen. Aber dort werden sie oft auch gleich wieder nach Hause geschickt, weil „wir Ihre Dienste gerade nicht brauchen". Und so werden Ingenieure, Bauarbeiter, Geschäftsleute und Vertreter anderer Berufsgruppen zu Taxifahrern. Nicht alle haben übrigens Lust, mit den

Fahrgästen zu reden. Im Gegensatz zu lokalen Taxifahrern kennen sie die Stadt nicht und lassen sich daher nicht so leicht durch Gespräche ablenken. Sie schimpfen über die schlechten Straßen und sagen, dass die in Cherson oder Melitopol besser sind. Das ist wahrscheinlich nicht der Fall, aber zu Hause ist eben einfach alles besser.

Einmal fuhr ich mit einem Immobilienmakler, der sich beschwerte, dass einige Tage vor dem Einmarsch der Russen mehrere große Geschäfte gescheitert seien. „Es gab Menschen mit viel Geld, die das wirklich früher wussten", war er überzeugt. Ich schwieg, denn woher sollte ich darüber irgendwas wissen, ich hatte noch nie Geld gehabt.

Aber Taxifahrer sind Taxifahrer. Mit der Zeit lernen sie die einheimischen Fahrer zu beschimpfen und den Markt unter sich aufzuteilen. Die einheimischen beschweren sich, dass die neuen ihnen einen Teil der Fahrten wegnehmen – dabei können Taxis gar nicht schnell bestellt werden, was einen Mangel an Aufträgen unwahrscheinlich scheinen lässt. Die Verzweifeltesten unter ihnen wagen sogar, während der Sperrstunden zu fahren, obwohl man das wirklich nicht für besonders vernünftig halten kann. Aber ist es vernünftig, dass einige Züge vor fünf Uhr morgens abfahren?

Wenn etwas verboten ist, man aber so gerne möchte – dann geht's halt irgendwie doch. Und dann kommt irgendein verängstigter Taxifahrer: „Falls jemand fragt, dann seid ihr meine Verwandten und ich habe angeboten, euch zum Bahnhof zu fahren", erklärt er. „O.k., Verwandter, wie heißen Sie?" In solchen Momenten kann man nur Mitleid mit einer Person haben, die gerade neue Verwandte aus der Region Donezk angeworben hat. Aber egal, zum Glück sind wir immer pünktlich und problemlos angekommen. Und so kommt man irgendwann auch nach Hause.

Odessa, 5. Juni 2022

„ICH GLAUBE AN WUNDER WIE EIN KIND"

Tatjana Milimko

Die Angst kommt in Wellen, die Menschen wollen an den Strand. Und Tatjana Milimko will an den Sieg des Guten glauben.

In diesen Tagen gelten wir als Frontstadt und leben in Angst. Die Angst durchläuft jeden in Wellen. Es sind nicht nur die russischen Kriegsschiffe, die uns vom Meer aus terrorisieren, sondern auch die Einschüchterung durch russische Soldaten, deren Stützpunkt sich im benachbarten Transnistrien befindet. Es sind auch die russischen Medien, die immer wieder Odessa erwähnen und Lügen verbreiten. Was uns bleibt: einatmen, ausatmen und weitermachen, um den nächsten Tag zu erleben.

Odessiten sind zu Freiwilligen geworden, die Flüchtlingen helfen. Odessiten fahren ins benachbarte Mykolajiw, wo durch den Beschuss russischer Soldaten die Wasserversorgung unterbrochen wurde. Sie graben dort Brunnen und liefern Trinkwasser. Sie geben Konzerte, weil auch Kultur unterstützen kann. Und trotz allem machen die Odessiten immer noch Witze. Ich denke, das ist sowieso unser Markenzeichen, dass wir alle Schwierigkeiten mit einem Lächeln überstehen.

Im Sommer will man unbedingt ans Meer, aber wegen der Minen ist das gefährlich. Trotzdem schaffen es die Menschen irgendwie, Orte am Strand zu finden, wo sie in der Sonne liegen können. Soldaten und Polizei haben es aufgegeben, uns davon abzubringen. Sie achten nur darauf, dass bestimmte Regeln eingehalten werden. Und bei Luftalarm bitten sie alle, Schutz zu suchen.

Neulich traf ich einen Kollegen, mit dem ich einige Tage vor Kriegsbeginn darüber gesprochen hatte, ob der Krieg wirklich ausbrechen würde. Ich sagte, er würde sicher bald beginnen. Und dass mein Körper schon die Anspannung spürte. „Ich bin wie ein

Tier, das merkt, wie der Jäger näher kommt." Und so ist es dann ja auch gekommen. Aber damals in unserem Gespräch hatte ich auch gesagt, dass in Odessa alles gut gehen würde, dass ein Wunder passieren und die russischen Okkupanten ein für sie so delikates Stückchen Land nicht bekommen würden.

Kann man zurückkehren zum alten Ich?

Seit hundert Tagen glaube ich an ein Wunder. Ich bin eine erwachsene Frau mit zwei Kindern und zwei Hochschulabschlüssen. Aber ich glaube an ein Wunder wie ein Kind. Und doch habe ich jetzt das Gefühl, dass das Böse gewinnt.

Weder ich noch irgendein anderer Odessit gestattet sich Müdigkeit oder Gewöhnung an den Krieg. Ich habe mir selbst und denen um mich herum immer wieder gesagt: „Jeder Krieg geht zu Ende." Und wenn alles vorbei ist, möchte ich zu meinem alten Ich zurückkehren, freundlich und liebevoll zur Welt.

Aber geht das überhaupt? Das ist vielleicht die Frage, die unter meinen Bekannten am meisten diskutiert wird. Alle sind überzeugt, dass wir nie wieder dieselben sein werden wie früher. Ich glaube, dass wir besser sein werden. Und wenn wir siegen, laden wir alle echten Freunde ein – Menschen aus verschiedenen Ländern, die uns in schwierigen Zeiten geholfen haben.

Wir zeigen ihnen unser Meer, unsere Berge, Städte und Dörfer, unsere schöne Heimat, unser großes, friedliches Land. Wir werden am Ufer des Schwarzen Meeres sitzen und Wein trinken und uns ohne Worte verstehen. Wir werden lachen und auf den Sieg über das Böse anstoßen. Auf den Sieg des Lichts über die Finsternis.

Komrat, 5. Juni 2022

IN DER GAGAUSISCHEN PARALLELWELT

Alla Bjuk

Im kleinen Gagausien im Süden der Republik Moldau erinnern sich viele gerne an die Sowjetunion. Russische Propaganda kommt bei ihnen gut an.

Drei Monate hat es gebraucht, um das Leben der Menschen in Gagausien quasi auf den Kopf zu stellen. Die Kriegshandlungen in der Ukraine haben die gagausische Bevölkerung in Befürworter und Gegner geteilt. Das Autonome Gebiet Gagaus Yeri, also Gagausien, liegt im Süden der Republik Moldau. Hier leben überwiegend (turksprachige) Gagausen, aber auch Bulgaren, Moldauer, Russen und Ukrainer, insgesamt rund 150.000 Einwohner.

Den Beginn der kriegerischen „Rettungs"-Operation sah die Mehrheit der Menschen in Gagausien als Beginn einer großen Mission der Russischen Föderation zum Wohle des ukrainischen Volkes. Und auch als Rache für die acht Kriegsjahre im Donbass.

Jedes Telefonat mit Angehörigen begann mit den Worten „Auf die Gesundheit“ und endete mit einem Streit über den Krieg in der Ukraine. „Sie töten keine Zivilisten!“, „sie bombardieren nur Militärstützpunkte“, „sie retten die Ukrainer vor den Bandera-Leuten“ und andere „humanitäre“ Phrasen – so tönte es ständig durchs Telefon. Der Höhepunkt war dann jedes Mal ein Satz wie: „Die Ukrainer bombardieren sich selber!“ An dieser Stelle musste ich die Telefonate dann mit den Worten „Ich kann das nicht mehr hören“ beenden.

Seitdem sind drei Monate vergangen, und nichts hat sich geändert. Die gagausische Gesellschaft in Moldau lebt in Parallelwelten: Die einen sind von den humanitären Absichten Russlands überzeugt, die anderen von der Erbarmungslosigkeit der „Rettungsoperation“ in der Ukraine. Die einen behaupten: „Acht

Jahre haben alle geschwiegen, als die Menschen im Donbass umgebracht wurden. Jetzt ist die Zeit reif, um die Ukraine von Verbrechern und Mördern zu säubern", andere schreien: „Schluss mit der Ermordung unschuldiger ukrainischer Kinder! Das ist grausam! Sie haben doch noch das ganze Leben vor sich."

Mit dem Krieg in der Ukraine hat im Autonomen Gebiet Gagausien auch der verbale Krieg zwischen den einfachen Leuten begonnen, die zu Opfern der Propaganda geworden sind. Dabei spielt eine wichtige Rolle, dass die meisten Einwohner Gagausiens ihre Informationen aus dem russischen Fernsehen bekommen, das sie über die fast an jedem Haus hängenden Satellitenschüsseln empfangen. Ja, die Liebe zu Russland ist auch dreißig Jahre nach der Unabhängigkeit nicht weniger geworden.

Im Gegenteil: Mit jeder neuen Regierung hat sich dieses Gefühl eher verstärkt. Moldau ist in Korruption und Armut versunken, die Menschen sind mit Überleben beschäftigt und erinnern sich an die besten Jahre ihres Lebens in der Sowjetunion, als man noch an ein „Morgen", an eine Zukunft glaubte. Und genau diese Erinnerungen sind die Grundlage dafür, dass die Mehrheit der Gagausen jetzt alles unterstützt, was Russland tut.

Wladikawkas, 8. Juni 2022

200.000 RUBEL IM MONAT

Boris Epchiev

Für Geld in den Krieg ziehen oder sich gegen den übermächtigen Staat stellen? Die Meinungen der Menschen in Nordossetien gehen auseinander.

Der Krieg wird langsam zu einer gewöhnlichen Alltagskulisse. Die Menschen haben gelernt damit zu leben, dass irgendwo Kämpfe stattfinden, dass Zivilisten und Soldaten ums Leben kommen. All das passiert nur im Hintergrund. Aber die Informationsexplosionen erreichen auch Regionen, die von der Ukraine weit entfernt sind. Und diese Explosionen sind oft stärker als die echten.

In so kleinen Gegenden Russlands wie in Ossetien kennt jeder jeden. Und deshalb war es eine echte Sensation, als 300 Soldaten, die aus Ossetien in den Krieg gezogen waren, nach Hause zurückkamen. Natürlich gab es keine großen Ankündigungen oder Interviews, aber in den Messengerdiensten wurden Sprachnachrichten einiger dieser Verweigerer geteilt, die wirklich schreckliche Dinge erzählt haben. Sie sagten, dass sie nicht darauf vorbereitet waren zu kämpfen, wenn ihre Befehlshaber, denen ihre Leben anscheinend absolut gleichgültig gewesen seien, sie völlig grundlos in die Schlacht geschickt hätten.

Die Geschichten dieser Verweigerer versucht man totzuschweigen: Man hat sie so eingeschüchtert, dass sie nicht darüber gesprochen haben, nicht mal mit ihren nächsten Angehörigen, und jetzt verklagen einige von ihnen die russische Armee, um gegen ihre Entlassung zu protestieren. Aber es ist ziemlich vorhersehbar, wie das Ergebnis aussehen wird.

Unterdessen werden in Ossetien und einigen anderen Regionen weiter Freiwillige für den Krieg rekrutiert. Und auch, wenn darunter viele sind, die wirklich kämpfen wollen, dann gibt es auch viele, die nur deshalb einen „Freiwilligenvertrag“ unterschreiben, weil sie dafür im Monat 200.000 Rubel bekommen. Das ist sechsmal so viel wie ein Standardgehalt in unserer Republik. Der Krieg ist für diese Leute die einzige Chance, Geld für ihre Familien zu verdienen, angesichts der jetzt steigenden Preise für Lebensmittel und Waren. Eine andere Möglichkeit, solch hohe Summen zu verdienen, gibt es in Ossetien sonst nicht.

Im Allgemeinen kommt der Großteil der Freiwilligen in der Ukraine aus den wirtschaftlich benachteiligten Regionen Russlands. Und Ossetien ist eine von ihnen. Und außerdem kommen von hier auch viele Berufssoldaten. In den drei Kriegsmonaten sind mehr als 70 Zinksärge nach Ossetien zurückgekommen, sowohl mit Berufssoldaten als auch mit Freiwilligen. Für eine so kleine Republik wie unsere ist das eine gewaltige Zahl. Besonders wenn man daran denkt, dass in zehn Jahren des Afghanistankrieges insgesamt 58 Menschen aus Ossetien gefallen sind.

Gleichzeitig verspürt man bislang noch keine massenhafte Unzufriedenheit. Die staatliche Propaganda konnte die Bürger, nicht nur in Ossetien, sondern im ganzen Land davon überzeugen, dass die „Spezialoperation“ notwendig war und dass die Menschen dabei für die richtige Sache sterben.

Wahr ist aber auch, dass sich jetzt erstmals Menschen äußern und anfangen, Fragen zu stellen. In den Parks von Wladikawkas, der Hauptstadt von Nordossetien, sind über Nacht „Nein zum Krieg“- Graffitis aufgetaucht. Sie wurden natürlich sofort entfernt. Aber am nächsten Tag waren sie wieder da. Das ist im Moment die einzige radikale Möglichkeit, seine Haltung zum Krieg in der Ukraine zum Ausdruck zu bringen.

St. Petersburg, 10. Juni 2022

VON DER VERGANGENHEIT ABGESCHNITTEN

Olga Lizunkova

Als Kind reiste ihr Vater jeden Sommer aus Russland nach Odessa. Unsere Autorin plante eine Reise auf seinen Spuren. Dann brach der Krieg aus.

Krieg bedeutet immer auch Verlust. Und ich rede hier nicht nur über Leben, Gesundheit und nahestehende Menschen. Es gibt noch einen anderen Verlust, den man nicht sofort bemerkt, der sich zunächst nur verschwommen im Inneren zeigt, dann aber nach außen dringt.

Viele meinen, dass sie mit diesem Krieg ihre Zukunft verloren haben, dass wir jetzt ein Stigma haben, dass die Schrauben immer fester angezogen werden, dass ein falscher, ostentativer Patriotismus eine anständige Erziehung, Karriere und Broterwerb behindert. Das stimmt alles. Aber das Bitterste ist für mich gerade der Verlust meiner Vergangenheit.

Mitten in der Pandemie habe ich begonnen, alte Familienfotos, Briefe und Dokumente zu sichten. Anschließend habe ich eine Reise in die Ukraine geplant. Dort sind zwei meiner Urgroßmütter begraben. In einem Massengrab liegen dort zwei Großonkel, die im Zweiten Weltkrieg umgekommen sind. Ich wollte schon losfahren, dachte dann aber, dass gerade nicht die beste Reisezeit sei.

Dann zeigte sich, dass jede Zeit besser gewesen wäre als die jetzige. Am meisten fürchte ich mich gerade vor Nachrichten aus Odessa. Es ist mein Traum, einmal in diese Stadt zu reisen, die ich nur aus Briefen und von Fotos kenne. Die Vergangenheit meiner Familie lebt dort, für immer von mir abgeschnitten. Und wenn sie anfangen, Odessa zu bombardieren, zerreißen sie mir für immer das Herz.

Ein Foto aus Odessa, 1950. Die Brüder meiner Großmütter stehen mit ihren Frauen bis zu den Knien im Meer. Meine Tante ist noch ein ganz junges Mädchen. Alle strahlend und glücklich: Der Krieg ist vorbei, das bedeutet, dass nichts Schlimmes mehr passieren wird.

Ein anderes Foto, 1961. Im Hof eines Hauses steht eine große Familie: mein 9-jähriger Vater, seine Großmutter, die Cousins und Cousinen. Mein Vater hat mir erzählt, dass der Anblick des Meeres, das er in Odessa zum ersten Mal sah, seine schönste Kindheitserinnerung ist. Auch erzählte er von dem Geräusch der Pfirsiche, die, wenn sie reif genug waren, nachts mit klopfendem Geräusch aufs Dach fielen.

Fast jeden Sommer reiste er durch das halbe Land zu seinen Verwandten in Odessa. Und viele Jahre später, als er sechzig wurde, fuhr er wieder hin, um dort das Haus am Meer noch einmal zu sehen, das schon lange verkauft und zu einem Hotel umgebaut worden war. Das war 2012, er hat es zum Glück noch geschafft.

Neulich habe ich auf der Website eines lokalen Fernsehsenders aus Odessa einen alten Beitrag von 2015 gefunden. Eine der Heldinnen des Films war eine 92-Jährige, die Frau eines verstorbenen Verwandten von mir. Ich habe sie nie persönlich getroffen und sie nur namentlich gekannt. Sie hat vor der Kamera ihre Gedichte über ein fernes russisches Dorf vorgelesen, ihre Heimat, wo ich selber früher jedes Jahr gewesen bin.

Ich hätte mich am liebsten in Luft aufgelöst. Ich verstehe, dass sie aufgrund ihres Alters wohl nicht mehr am Leben ist, aber es besteht zumindest eine Restchance! Ich hätte ihr gerne einen Brief geschrieben und gesagt, dass man an sie denkt und dass sich der Fluss in ihrer Heimat noch immer durch grüne Wiesen schlängelt. Aber man kann keine Briefe mehr in die Ukraine schicken. Entschuldige bitte, Tante Sofa, ich habe es nicht geschafft.

Pskow, 24. Juni 2022

HILFSGÜTER FÜR DEN FLEISCHWOLF

Olga Lizunkova

In Russland ist Widerstand gegen den Krieg in der Ukraine verboten. Es gibt ihn trotzdem. Aber auch viel Unterstützung durch die Bevölkerung.

Pskow: 300 Kilometer von St. Petersburg entfernt. Eine kleine alte Stadt, nicht weit von der Grenze zu Estland. Wenige Tage nach Kriegsbeginn tauchten im Netz Fotos auf: An die Festungsmauer der Pskower Zitadelle hatte jemand mit einem Beamer eine riesige Aufschrift „Nein zum Krieg!" geworfen.

Mir wurde warm ums Herz! Meine Heimatstadt hat mir immer gefallen mit ihrer freidenkerischen Art. Vor einigen Tagen erklärte das Stadtgericht Pskow diese Inschrift zu einer „pazifistischen Parole" und verurteilte einen Mann zu einer Geldstrafe, weil er ein Foto einer Antikriegsaktion in den sozialen Netzwerken veröffentlicht habe.

Die Strafe wegen „Diskreditierung des Einsatzes der Streitkräfte zum Schutz der russischen Interessen" beträgt 300.000 Rubel (umgerechnet etwa 450 Euro).

Etwa einmal im Monat fahre ich für ein Wochenende nach Pskow, um meine Eltern zu besuchen. Diese Stadt ist wie eine Insel meiner persönlichen, inneren Stabilität in dieser schmerzhaften, verrückten Welt. Petersburg dagegen war vor Hysterie wie zerrissen, doch schien hier alles seinen gewohnten Gang zu gehen: Arbeiter reparieren eine Brücke, Schulkinder und Studierende legen ihre Prüfungen ab, Rentner fahren, sobald es etwas wärmer geworden ist, auf ihre Datschen. So, als gäbe es nichts von all dem, das die Welt in ein „davor" und ein „danach" geteilt hat.

Warum braucht man diese Plakate?

Erst jetzt habe ich bemerkt, dass in den Straßen der Stadt riesige patriotische Plakate aufgetaucht sind, mit Unterstützerparolen für die russische Armee. Erst kürzlich hat das Allrussische Meinungsforschungszentrum Zahlen veröffentlicht, wonach 72 Prozent der Russen die Spezialoperation in der Ukraine unterstützen. Warum braucht man diese Plakate, wenn sowieso fast alle diesen Krieg unterstützen? Rhetorische Frage.

Wie sich herausstellte, sammeln lokale Aktivist*innen in Pskow Hilfsgüter nicht nur für Geflüchtete aus dem Donbass, sondern auch für russische Soldaten. An den Sammelstellen stapeln sich Dutzende von Kisten, einige von ihnen mit Unterschriften – das sind Päckchen von Schulklassen und Arbeitskollegen. Auf vielen Päckchen klebt der Buchstabe Z.

In diesen Paketen für die Kriegsgebiete werden Lebensmittel und Waren des täglichen Bedarfs verschickt. Es ist gut möglich, dass ich da irgendetwas nicht ganz richtig verstehe, aber die Sammlung zur Unterstützung der Soldaten scheint mir eine größere Diskreditierung der russischen Armee zu sein als die Worte „Nein zum Krieg".

Nach offiziellen Angaben sind in den ersten 100 Tagen Krieg in der Ukraine 45 Soldaten aus Pskow umgekommen, meine Landsleute. Ich sehe mir ihre Porträts an und habe Angst, auf den Fotos ehemalige Mitschüler oder irgendwelche Bekannten zu entdecken. Viele der Gefallenen sind in meinem Alter.

Ich denke, dass unter den Toten viele gute Menschen waren, die geglaubt haben, dass sie irgendjemanden dort retten. Ja, okay, ich möchte das einfach glauben, denn wenn man sich ihre Schwarz-Weiß-Porträts ansieht, kann man eigentlich schon an gar nichts mehr glauben. Ich betrauere ihre Leben, so wie ich um all die trauere, die in diesen irrsinnigen Fleischwolf geraten sind.

Lwiw, 29. Juni 2022

ALS FREIWILLIGER LEBEN RETTEN

Alexandr Babakov

In der Stadt Lwiw nahe der polnischen Grenze helfen Ukrainer anderen, das Land Richtung Westen zu verlassen. Das ist anstrengend. Und oft auch gefährlich.

Ich sollte eine Frau treffen am Lwiwer Bahnhof morgens um zehn. Ein enger Freund hatte mich darum gebeten, der wie ich in der humanitären Hilfsorganisation „Spilna Meta" („Gemeinsame Ziele") ist. Ich wusste zu dem Zeitpunkt nichts von ihr, außer, dass sie Hilfe brauchte.

Als Freiwilliger begleite ich Flüchtlinge an die Grenze, ich helfe ausländischen Journalisten, hole Kisten mit Hilfsgütern an der Grenze ab und bringe sie zu Menschen, die bereit sind, in die Hotspots des Krieges zu fahren, um die Sachen dort an Bedürftige weiterzugeben. Das ist jetzt sozusagen mein Job. Der Sitz unserer Freiwilligenorganisation ist in der Wohnung meiner Freundin Sofia, bei der ich seit Kriegsbeginn wohne.

In der Nacht, bevor ich die Frau an die Grenze bringen sollte, war fünf Stunden Luftalarm. Wir versteckten uns wie gewöhnlich im Keller des Hauses, wohin alle Bewohner kamen, sobald sie die Sirene hörten. Es war kalt dort, deshalb konnten wir lange nicht einschlafen. Nachdem ich etwa vier Stunden geschlafen hatte, aß ich ein bisschen Haferflockenbrei und machte mich zum Bahnhof auf, um diese Frau außer Landes zu bringen.

Sie hatte einen Koffer, eine Tasche, eine Matratze und eine kleine Katze dabei. Ich lud alles ins Auto und wir fuhren Richtung polnische Grenze in die Stadt Jagodin, etwa vier Stunden Fahrt von Lwiw. Bevor wir losfuhren, rauchten wir noch eine Zigarette. Dabei merkte ich, wie bei jedem Zug ihre Hände zitterten. Sie kam aus der Ostukraine. Auf der anderen Seite der Grenze sollte sie ihre Tochter treffen.

Sie fragte mich, warum ich so ernst und angespannt sei, und ich dachte an meine Mama, wie sie auch bei Sirenengeheul im Kohlekraftwerk von Slowjansk weiterarbeitete. Ich überlege, wie und wohin sie mit meiner Schwester fahren sollte, weil der Krieg ja wieder meine Heimatstadt erreichen könnte. Ich antwortete: „Ich muss mich auf den Weg konzentrieren."

Auf dem Rückweg hatte ich eine Reifenpanne und ich musste mitten auf einem Feld anhalten. Ich war allein, niemand war in der Nähe, und von weit entfernt konnte man Explosionsgeräusche hören, als ob irgendwo irgendwas fällt und detoniert. Ich fühlte mich unwohl, begann schnell den Reifen zu wechseln. Die Eile führte zu nichts. Nach einer Stunde halfen mir ein paar Jungs aus einem Bus, der gerade vorbeikam. Dreckig und voller Erde von dem Versuch, selbst einen Reifen zu wechseln, fuhr ich schließlich weiter.

Um neun Uhr abends – die Sperrstunde beginnt um zehn – kam ich müde, aber zufrieden, weil ich vielleicht einem Menschen das Leben gerettet hatte, zurück nach Lwiw. Ich legte mich ins Bett in der Hoffnung, dass ich dieses Mal zum Schlafen käme. Um am nächsten Tag Energie genug zu haben, die Kisten mit humanitärer Hilfe zu sortieren. Und vielleicht ein weiteres Leben zu retten.

Bishkek, 1. Juli 2022

FERNSEHER „SCHLÄGT" KÜHLSCHRANK

Mahinur Niyazova

Viele Kirgisen unterstützen Russlands Präsidenten Putin. Die Gründe dafür sind so vielseitig wie die russisch-kirgisischen Beziehungen.

Gerne möchte man schreiben, dass die meisten Kirgisen die Ukrainer unterstützen, dass sie Spenden für notleidende Regionen sammeln, den Schmerz des Verlustes mit ihnen tragen und für eine schnelle Beendigung der Gefechte von Seiten Russlands beten – aber so ist es nicht.

Kirgistan ist ein kleines Land in Zentralasien, dabei ist es fünfmal größer als die Schweiz. Die Republik Kirgistan ist eines der ärmsten Länder der Welt. Nach Schätzungen der Weltbank könnten bis zum Jahresende 38 Prozent der Bevölkerung unter der Armutsgrenze leben. Doch gleichzeitig ist es auch das freieste Land der Region.

Als „Inselchen der Demokratie" konnten wir uns einmal rühmen. Auf der Rangliste der Pressefreiheit stehen wir auf Platz 72 (von 180), während sich unsere nächsten Nachbarn – Kasachstan, Usbekistan, Tadschikistan, Turkmenistan – auf Plätzen über 100 befinden. Die meisten Kirgisen jedoch stehen nach wie vor unter dem Einfluss russischer Propaganda. Und das ist der größte Schmerz.

Die Mehrheit ist „für Putin": Diese Menschen rechtfertigen seine Handlungen, verwenden die Hassrede der russischen Fernsehsender, unterstützen die Rhetorik und Handlungen der Russischen Föderation. Es besteht aber auch eine große Abhängigkeit des Landes und seiner Politiker von Russland. „Wir sind darauf vorbereitet, noch 300 Jahre mit Russland zusammen zu sein", verkündete Akylbek Dschaparow, Ministerpräsident des Landes.

Kirgistan ist durch viele Abkommen mit der Russischen Föderation verbunden, z.B. durch die Eurasische Wirtschaftsunion, das Militärbündnis OVKS (Organisation des Vertrags über kollektive Sicherheit) und die Shanghaier Organisation für Zusammenarbeit. Mehr als eine Million Bürger unseres Landes leben als Arbeitsmigranten in russischen Städten.

Seit dem 24. Februar haben sich die nationalistischen Stimmen innerhalb des Landes verschärft. Ein Teil der Bevölkerung ging gewaltsam gegen die Menschen vor, die als Flüchtlinge aus Russland gekommen waren. Ihre Ankunft sowie ökonomische Folgen der Sanktionen gegen Russland haben in viele Bereiche des Lebens der Kirgisen eingegriffen.

Besonders stiegen die Mietkosten, die Preise für Lebensmittel, Transport, Flüge und Urlaub. Seit Anfang 2022 sind die Preise für Grundnahrungsmittel um 15 Prozent gestiegen. Lokale Experten sagen derweil, dass die größte Krise erst noch kommt, vergleichbar etwa mit der Situation zu Beginn der 1990er Jahre, als die Sowjetunion zerfiel und Kirgistan unabhängig wurde.

Doch scheint die Propaganda derzeit noch stärker zu sein als der Hunger. Noch „schlägt" der Fernseher den Kühlschrank, wie man so schön sagt. Und Hunderttausende meiner Landsleute, die an ihrem Bildschirm kleben, verschlingen weiter die Informationen der russischen Propaganda.

Riga, 2. Juli 2022

GRENZEN DER SOLIDARITÄT

Maria Bobyleva

Lettland unterstützt ukrainische Flüchtlinge besonders stark. Die einfachen Letten stehen dem nicht immer ganz so aufgeschlossen gegenüber.

Die genaue Zahl ukrainischer Geflüchteter in Lettland ist nicht bekannt. Ende Mai nannten offizielle Statistiken die Zahl 26.000, aber viele sind nicht beim Außenministerium registriert, andere bleiben nur temporär im Land und fahren dann weiter, via Litauen in andere Länder Europas. In Wirklichkeit ist die Zahl ukrainischer Flüchtlinge eindeutig höher.

Anders als Polen, wohin die Menschen aus der Westukraine ausgereist sind, nimmt Lettland diejenigen Menschen bei sich auf, die aus den besetzten Gebieten nach Russland gebracht wurden, aber dort nicht bleiben wollen. Die Menschen kommen vor allem über St. Petersburg nach Estland und von dort weiter nach Lettland.

Das ukrainische *Forbes* hat kürzlich eine Rangliste der mit der Ukraine befreundeten Länder erstellt. Unter den ersten 20 Ländern ist Polen auf dem 1. Platz, auf dem 2. sind die USA. Lettland ist auf Platz 4, Deutschland auf Platz 15. Für ein nicht gerade großes und nicht wirklich reiches Land ist das ganz schön viel. In diesem Ranking wird auch die materielle Unterstützung für die Ukraine aufgeführt. Im Fall von Lettland sind das 0,72 Prozent des Bruttoinlandsprodukts. Auch das ist beachtlich.

Die einfachen Menschen verhalten sich Ukrainern gegenüber allerdings nicht ganz so eindeutig. Und das überrascht auf unangenehme Weise. Als wir auf Wohnungssuche waren, hat unser Immobilienmakler erzählt, dass die Nachfrage nach Mietwohnungen seit Kriegsbeginn stark gestiegen sei, er aber Ukrainer nicht bevorzugen wolle. Die Besitzer der Wohnung, die wir dann gemietet haben – ethnische Russen – haben uns zugeflüstert, dass sie uns, wenn wir das möchten, verraten, wie man die Sperrung der Fernsehsender umgeht. Lettland hat die Ausstrahlung von TV-Programmen aus der Russischen Föderation offiziell verboten. Wir haben abgelehnt und uns nur angesehen. Aber die Wohnung haben wir dann trotzdem gemietet.

Auch von Ukrainern selber habe ich seltsame Dinge gehört. In meinem Lettischkurs ist Anja aus Kyjiw. Und Anja sagt, dass Flüchtlinge im Allgemeinen relativ unangenehme und „gierige" Frauen sind, die ganz genau wissen, wie sie Dinge bekommen. „Wenn ich solche Menschen sehe, schäme ich mich dafür, dass das meine Landsleute sind", sagt Anja. „Sie sind unverschämt, drängeln sich überall vor, schreien: ‚Ich bin Mutter!', versuchen überall alles Mögliche abzugreifen – widerlich."

Mir als Mensch aus Russland scheint es automatisch so, dass man ukrainischen Geflüchteten helfen müsse – immer und überall und mit allem, was nur möglich ist. Und dass man über sie sagt: „Es sind zu viele, die da kommen", oder „unverschämt" sagt, halte ich für inakzeptabel. Aber offenbar ist das meine verzerrte Wahrnehmung – die eines Menschen aus dem Aggressorland.

Moskau, 7. Juli 2022

ANGEFEINDET VON BEIDEN SEITEN

Xenia Babich

Viele Ukrainer sind mangels Alternativen nach Russland geflohen. Zum Unmut anderer Ukrainer, aber auch vieler Russen. Unterstützung gibt es kaum.

Viele Menschen, die aus der Ukraine nach Russland kommen, sind in einer schrecklichen Lage: Ihre Häuser und Wohnungen wurden durch Raketenangriffe zerstört, und sie sind geflohen, irgendwohin, einfach, um ihr nacktes Leben zu retten. Viele von ihnen hatten keine Möglichkeit, innerhalb der Ukraine oder in den Westen zu fliehen. In Russland angekommen, sind diese Menschen nicht nur mit den bürokratischen Abläufen eines ihnen unbekannten Landes konfrontiert, sondern auch mit einer nicht eindeutigen Haltung vieler Russen zu ihrer großen Not. Schon vor einigen Monaten habe ich erfahren, dass Menschen, die aus dem Gebiet Donezk fliehen mussten, auf die Krim gekommen sind. Dort befinden sich nach offiziellen Angaben 4.788 Geflüchtete aus den von Russland anerkannten Volksrepubliken Donezk und Luhansk und aus der Ukraine.

544 von ihnen leben in der Stadt Sewastopol, dem Heimathafen der russischen Schwarzmeerflotte. Menschen, die humanitäre Hilfe leisten, berichten von erheblichen Schwierigkeiten. Die staatlichen Hilfsstellen seien so eingerichtet, dass sie Lebensmittel nur an diejenigen verteilen, die sie selbst abholen können. Essen gebe es dort aber nur unregelmäßig.

In Chats wird täglich darüber diskutiert, ob und wo Essen ausgegeben wird und wo man Hilfe und Unterstützung bekommen kann. Das klingt dann so:

Igor: „Wir kommen aus Mariupol. Wir sind zu fünft: Oma, Opa, die sechsjährige Tochter, meine Frau und ich (Ehemann). Wir brauchen humanitäre Hilfe."

Tatjana: „Hat jemand die Telefonnummer vom Immigrationsdienst, Abteilung für die Arbeit mit Flüchtlingen? Mein Kind ist krank geworden (wir haben eine onkologische Diagnose erhalten)."

Swetlana: „Ich bin mit zwei Kindern aus dem Gebiet Donezk gekommen. Vielleicht hat jemand einen einfachen Wasserkocher, 2–3-Liter-Kochtöpfe und eine Bratpfanne (am liebsten mit Deckel)".

Viele Russen bringen nur wenig Verständnis für die Unterstützung dieser Menschen auf. Stattdessen fordern sie, die Flüchtlinge sollten in ihrer verzweifelten Situationen klar und deutlich ihre politischen Meinungen äußern. Ukrainer fordern sie auf, dass sie schnellstens von der Krim in ein EU-Land reisen sollten (obwohl viele von ihnen diese Möglichkeit gar nicht haben und es nicht einmal jemanden gibt, der solche Fahrten organisiert). Sie werden als Verräter gebrandmarkt, weil sie, um ihr Leben zu retten, auf die Krim gekommen sind und nicht etwa nach Berlin.

Niemand hat sich Gedanken über die Ethik solcher Forderungen gemacht oder gar über die Botschaften, die damit bei verzweifelten Menschen ankommen.

Kyjiw, 9. Juli 2022

ZURÜCK IN KYJIW

Roman Huba

Hundert Tage befand sich unser Autor in Lwiw. Jetzt ist er wieder in der Hauptstadt. Und merkt, dass dort nichts mehr ist wie früher.

Ich habe Kyjiw am ersten Tag des russischen Großangriffs auf die Ukraine verlassen. Seit diesem Tag habe ich die Geräusche der ersten Detonationen im Kopf und das Dröhnen der Hubschrauber über Hostomel. Das Kriegs-Kyjiw habe ich kaum gesehen, ich erinnere mich nur an Staus und verstörte Menschen in der Metro.

Jetzt ist Sommer in Kyjiw. Hundert Tage nach der Evakuierung bin ich in die Stadt zurückgekehrt, in der ich die letzten sechs Jahre gelebt habe. In diesen sechs Jahren habe ich meine Heimatstadt verloren – sie ist jetzt von Russland besetzt; ich habe mein Elternhaus verloren – es wurde zerstört.

Kyjiw ist jetzt meine einzige Heimat, und ich möchte sie gerne behalten. In meiner alten Wohnung kann ich nicht mehr wohnen – dort sind überall Kampfeinheiten. Als ich das Haus verließ, sahen mich die Nachbarn wie einen Verräter an. Ich, Untermieter, kann einfach wegfahren, während es für sie die einzige Bleibe ist.

Kyjiw ist jetzt eine ganz andere Stadt. Der Wald, in dem ich früher gerne spazieren ging, ist von Flatterband und „Minen"-Schildern umgeben. Der Fluss Dnipro, einst Lieblingsfreizeitort der Kyjiwer, ist zu einem Massengrab für die russischen Landungstruppen geworden. Mehrere ihrer Hubschrauber sind über Kyjiw abgeschossen worden, und jetzt assoziiert man den Fluss nicht mehr wirklich mit Freizeit.

Viele Besitzer bekannter Cafés haben nicht wieder aufgemacht – entweder weil sie kein Geld mehr für Miete und Löhne hatten. Oder weil sie auf bessere Zeiten warten. Der Krieg hat Kyjiw verschont, die Hauptlast lag auf den Vororten, aber noch sind nicht alle bereit, zurückzukehren. Und deshalb brennt nur hinter der Hälfte der Fenster meines Wohnhauses abends Licht.

Aber es gibt auch einiges, was verlässlich gleich geblieben ist. Nach wie vor ist es schwierig, eine Wohnung zu mieten, wenn man in der Region Donezk registriert ist: „Vielleicht sind Sie ja ein Saboteur?", fragt der Immobilienmakler verschreckt am Telefon.

Kyjiw. Über dir schwebt weiter die Gefahr, jeden Tag hört man die Sirenen des Luftalarms in der Stadt, aber jetzt sind wir wieder vereint. Verzeih mir, dass ich Dich verraten und verlassen habe in diesen schrecklichen Tagen im Februar.

Jeder hier hofft, dass die Stadt das Schlimmste hinter sich hat. Fast jeder kennt jemanden im russisch besetzten Süden oder Osten des Landes. Kyjiw ist jetzt eine friedliche Stadt. Politiker von Weltrang und internationale Stars kommen hierher. Aber ich brauche das nicht. Ich möchte einfach, dass alles wieder wie früher ist. Und weiß doch, dass es so nie wieder sein wird.

Kischinau, 18. Juli 2022

WENIGE HOFFNUNGSSCHIMMER

Alla Bjuk

In Moldau bekommen die Menschen die Folgen der Inflation zu spüren. An das Versprechen des europäischen Wohlstands glauben nur die wenigsten.

Wenn man versucht, das heutige Moldau mit einem Wort zu beschreiben, würde „Chaos" wohl am ehesten zutreffen. Die Inflation beträgt fast 30 Prozent. Für ausnahmslos alle Dinge sind die Preise ins Astronomische gestiegen, besonders aber für Benzin und Strom.

Und das alles vor dem Hintergrund einer völligen Tatenlosigkeit der Regierung. Präsidentin Maia Sandu versucht schon gar nicht mehr, das zu verbergen, und sagt offen, dass es keine Perspektive gibt, die Inflation zu verringern. Im Land schlagen die Protestwogen hoch, die Menschen fordern den Rücktritt der Regierung. Und jetzt wurde die Republik Moldau als EU-Beitrittskandidat anerkannt.

Den Antrag hatte Moldau gleich nach dem russischen Überfall auf die Ukraine gestellt. Und er wurde angenommen. Es könnte wie ein Hoffnungsschimmer auf ein Happy End aussehen. Doch nicht alles läuft ab wie das Drehbuch für einen Hollywoodfilm: Die Aussicht auf einen EU-Beitritt stößt in der Bevölkerung auf wenig Begeisterung. Als Antwort auf die Anerkennung als Kandidatenstaat hat Sandu verkündet, dass der EU-Beitritt ein wichtiges Ziel für das Land sei und „wir sind bereit, jeden beliebigen Preis zu zahlen, wir sind bereit, alles dafür zu geben".

Doch die Bürger des Landes meinen, dass für alles schon sehr viel bezahlt wurde. Die schönen Versprechungen, dass die Europäische Union den Moldauern mehr Wohlstand bringen könnte, werden hier niemanden täuschen. Die von der Realität erschöpften Menschen sind skeptisch gegenüber allem.

In den letzten paar Monaten sind die Schlangen für die Beantragung von Reisepässen immer länger geworden. Und in diesen Schlangen stehen die Bewohner des kleinen Agrarlandes, die von einem besseren Leben träumen: Euros verdienen, an den besten europäischen Hochschulen studieren und sich in europäischen Ferienorten erholen. Aber bis jetzt sind das einzig Europäische bei uns die Preise.

Es gibt noch einen zweiten Aspekt in dieser Frage: Der EU beizutreten bedeutet, die Hoffnung auf Selbständigkeit und Unabhängigkeit zu begraben. Und außer den Träumen von europäischen Ferienorten und ebenen Wegen lebt in den Herzen der Moldauer noch ein anderer süßer Wunsch – ihr Land weder von Russland noch von der EU abhängig zu sehen.

Aber seien wir Realisten: Dafür benötigen wir Dutzende von Jahren, und die Armut breitet sich gerade jetzt und mit noch nie da gewesener Geschwindigkeit aus. Und je schneller die Armut zunimmt, desto nötiger braucht die Regierung politische Anreize. Die Machthaber versuchen noch, sich an ihre Sessel zu krallen, während die Traktoren mit leeren Tanks auf den Feldern stehen und auf Treibstoff warten, für den die Bauern einfach kein Geld haben. Und gleichzeitig hören die Traktoristen im Radio die schönen Märchen darüber, wie reich und sorglos unser Leben in der EU sein wird. Irgendwann.

Batumi, 19. Juli 2022

BELARUSSISCHE INSEL DER SICHERHEIT

Olga Deksnis

In der georgischen Hafenstadt Batumi am Schwarzen Meer treffen sich geflüchtete Belarussen, Ukrainer und Russen – und verstehen sich bestens.

Seit September 2021 lebe ich in Batumi. Ich kam damals aus dem herbstlich-kalten Belarus in eine Stadt, in der man bis Neujahr im Meer baden konnte. Außer viel Sonne gibt es hier auch tropische Regenfälle, Erdbeben, Schnee unter Palmen und viele Bekannte. Die Georgier witzeln, dass durch den ständigen Zuzug von Belarussen auch Kälte ins Land gebracht wurde.

Ich fühle mich hier zu Hause und habe keine Angst, dass sie mich „holen" könnten, denn ich arbeite als Journalistin. Batumi ist nicht einfach nur ein Kurort, sondern wirklich eine Insel der Sicherheit. Wenn ich hier am Strand spazieren gehe, treffe ich Kollegen aus Charkiw, Sibirien, Sotschi und aus ganz Belarus. Ich begrüße sie dann, umarme sie, verabrede, dass wir uns mal treffen. Es sind Aktivisten oder Menschen, die vor dem Krieg geflüchtet sind.

Batumi – das ist, wenn man sich einen Kaffee holt und weiß, dass der Laden von einem Belarussen eröffnet wurde. Oder wenn man ein Interview mit dem Kurator eines Hilfsfonds für die Ukraine macht und sich herausstellt, dass der ein Verwandter eines Minsker Programmierers ist, der in seiner Wohnung von KGB-Leuten ermordet wurde.

Oder wenn man auf der Straße einen Marathon für die Ukraine sieht. Und dann erfährt, dass der Organisator ein Mann aus Minsk ist, über den man gerade einen Artikel geschrieben hat. Er musste das Land sehr plötzlich verlassen, weil sie ihn holen wollten.

Oder wenn man zu einem Kurs übers Bloggen geht. Und dort erfährt, dass der Kursleiter früher im Stab der belarussischen

Präsidentschaftskandidatin Swetlana Tichanowskaja war. Weil er damals Videos produziert hatte, steht der Mann jetzt auf internationalen Fahndungslisten.

Ich treffe hier erstaunliche Menschen. Zum Beispiel das Mädchen Sascha. Sie hatte für ein bekanntes Internetportal einen Videokommentar über Alexander Lukaschenko abgegeben. Dann verließ sie Minsk, denn für diesen Kommentar hätte man sie verhaften können. Sascha sehnte sich nach ihrem Land. Sie besuchte einen Kurs zur Schmuckherstellung und ihre ersten eigenen Schmuckstücke hatten die Form einer belarussischen Landkarte mit einer Träne darin.

Jetzt hat sie ihre eigene Schmuckwerkstatt und Kunden in der ganzen Welt. Ein Prozent ihres Gewinns spendet sie dem belarussischen Kalinowski-Bataillon und den ukrainischen Streitkräften. Ihre Ringe mit den Umrissen der Ukraine tragen sogar Angelina Jolie und Swetlana Tichanowskaja.

Oder ich laufe über einen Platz. Dort gibt es fast jeden Tag Solidaritätsaktionen. Gleich nach ihrer Ankunft waren das zunächst nur Belarussen, dann schlossen sich Ukrainer und Russen an. Jetzt ist es eine Zusammenarbeit aller Nationen „Für den Frieden". Wir glauben alle an das Gute, und wir alle tragen, so gut wir können, unseren Teil zum Sieg bei.

Tallinn, 21. Juli 2022

ÜBERALL UNERWÜNSCHT

Alexey Schischkin

Für Menschen auf der Flucht ist die Arbeitssuche schwer. Russen erfahren in der EU derzeit, dass sie angeblich die soziale Ordnung gefährden.

Schon vor dem 24. Februar war die Arbeit für unabhängige Journalisten in Russland nicht gerade leicht gewesen, aber jetzt, unter der Kriegszensur, war sie doppelt gefährlich. Die meisten reisten in Länder aus, für die sie kein Visum brauchten. Einige wenige Glückliche bekamen Papiere für Europa.

Im März, nachdem die russische Zensurbehörde Roskomnadsor die Website von *Bumaga* blockiert hatte, bei dessen Petersburger Zweig ich Journalist war, bin ich mit meiner Freundin nach Estland gefahren. Die Idee war, dort ein paar Tage bei Freunden zu bleiben und dann irgendwo legal unterzukommen, in Usbekistan, Kirgistan, in der Türkei. Länder, über die wir fast nichts wissen.

Das soziale Kapital wiegt schwerer. Die estnischen Freunde investieren ihre ganze Energie in die Jobsuche für mich. Die ersten Optionen, Dachdecker und Betonplattenleger, passten nicht richtig. Selbst, wenn ein Arbeitgeber dem Reporter diese Arbeit zutraut: Ein Arbeitsvisum für eine schlecht bezahlte Stelle zu bekommen ist fast unmöglich.

Und dann ergab sich eine Chance. Die Tallinner Zeitung *Delowye Wedomosti* sucht einen Autor. Ein Gespräch, ein paar Probeaufgaben – und ich bin Mitarbeiter einer europäischen Zeitung. Aber am 7. April erklärt Estland, dass Jahresvisa und Aufenthaltsgenehmigungen für Russen nicht mehr erteilt werden. Nach der Freude kommt der Schock. Es folgen Klärungen: Man kann es versuchen, wenn man schon im Land ist und eine Arbeitsgenehmigung hat.

Die Polizistin, die meine Unterlagen entgegennimmt, begrüßt mich streng: „Wir geben keine Visa an Russen aus. Warum sind Sie hier?“ Ich bleibe beharrlich, und zwei Wochen später erhalte ich ein Visum D. Ein riesiger Erfolg. Die meisten Russen und Belarussen, die von einheimischen Firmen einen Job angeboten bekommen, werden abgelehnt. „Sie stellen eine Bedrohung für die gesellschaftliche Ordnung, die innere Sicherheit, die internationalen Beziehungen und die Gesundheit der Bevölkerung dar.“ Einige haben Pech und erhalten gleich Berufsverbot, andere werden aufgefordert, das Land zu verlassen.

Am 28. Mai entschied Estland, dass Arbeitskräfte mit Visum D künftig nicht mehr einen entsprechenden Status für Ehepartner beantragen können. Das geht nur noch für die mit einem Aufenthaltstitel. Da Russen ebendiesen gar nicht bekommen können, führt das mit ziemlicher Sicherheit zur Trennung von Familien.

Für Journalisten ist es doppelt schwer. In Russland erwartet sie im besten Fall erzwungenes Schweigen, im schlimmsten Fall Haft. Zwischen dem geliebten Menschen und der Berufung wählen? Die Aussichten verschwinden im Nebel des Krieges.

Mykolajiw, 21. Juli 2022

LEERE MUSEUMSSÄLE

Anastasia Magasowa

Die Hafenstadt am Schwarzen Meer wird täglich beschossen. In den Museen werden jetzt mit Hilfe eines EU-Programms die Museumsexponate evakuiert.

In den viereinhalb Monaten des russischen Angriffs auf die Ukraine wurden nach ukrainischen Angaben mindestens 407 kulturelle und historische Objekte im Land zerstört. Die Vereinten Nationen werten die mutwillige Zerstörung von Museen, Bibliotheken und Theatern der Ukraine als mögliches Kriegsverbrechen Russlands. In Mykolajiw, im Süden des Landes, bereiten Aktivisten Museumsexponate auf eine längere Einlagerung und eine mögliche Notevakuierung vor. In der Nacht zu Montag sei die Stadt „massiv mit Raketen beschossen" worden, teilte der Gouverneur Vitali Kim mit.

Vier große Museen gibt es in Mykolajiw, sie wurden alle in den ersten Kriegstagen geschlossen, aber seit einigen Wochen wird dort emsig gearbeitet. Einheimische haben, unterstützt durch das Programm „House of Europe" der EU und des Goethe-Instituts in der Ukraine, Holzkisten, Schutzfolie und Kraftpapier gekauft, um die Exponate zu sichern.

Jewgen Gomonjuk, Sprecher der Entwicklungsagentur Mykolajiw, zeigt uns, wie die Gemälde aus dem Wereschtschagin-Kunstmuseum verwahrt werden. Alle Fenster und Türen des Gebäudes sind mit Sperrholzplatten vernagelt. Zum Treffen bringt Jewgen eine dicke Rolle feuerfester Plane mit. Er erklärt, dass die Exponate so zwar nicht vor direkten Raketeneinschlägen geschützt werden, einer Druckwelle oder einem Brand aber durchaus standhalten.

In der Eingangshalle des Museums und in den Gängen stehen große Holzkisten. „Hier sind schon Gemälde und andere wertvolle Gegenstände verpackt", sagt Jewgen. Einige Dutzend Bilder unterschiedlicher Größe warten noch darauf, verpackt zu werden. „Die Konservierung von Gemälden ist eine sehr delikate Arbeit, die nur Spezialisten übernehmen können. Wir helfen ihnen beim Einpacken und beim Tragen der Kisten", erzählt ein junger Mann.

Außer Verpackungsmaterial haben die Aktivisten auch Geräte gekauft, die dafür sorgen, dass in den Lagerräumen die richtige Temperatur herrscht. Das ist wichtig für den Erhalt der Exponate, weil Feuchtigkeit, Kälte oder Hitze ihnen zusetzen können.

In den Museen von Mykolajiw bereitet man sich moralisch darauf vor, dass die Kämpfe bis zum Winter anhalten. Dies wird auch bei der Verpackung der Gemälde und Skulpturen mitbedacht. Auch Überlegungen, dass die Museumsexponate eventuell aus der Region verbracht werden müssen, spielen beim Packen eine Rolle.

„Unser kulturelles Erbe ist leider ebenfalls Opfer der russischen Aggressionen geworden. Darum müssen wir alles tun, um die Sammlungen unserer Museen zu schützen. Die ukrainische Kultur soll so wenige Verluste wie möglich durch diesen barbarischen Krieg erleiden", sagt Jewgen, während er auf die leeren Wände eines Ausstellungssaales schaut.

Minsk, 24. Juli 2022

STAATSVERRAT ALS EINZIGE OPTION

Janka Belarus

Nach wie vor werden in Belarus Oppositionelle zu langen Haftstrafen verurteilt. Seit Beginn des Krieges in der Ukraine ist Belarus im medialen Abseits.

Ich kann gut verstehen, dass der Krieg in der Ukraine im Fokus der Weltpresse steht. Und dass die Probleme von uns Belarussen in den Hintergrund getreten sind. Aber bitte hört uns an.
Am 13. Juli wurde die Journalistin Katerina Andreewa, meine Freundin, in einem nicht öffentlichen Verfahren zu acht Jahren und drei Monaten Freiheitsentzug wegen Hochverrats verurteilt. Andreewa verbüßt bereits eine Haftstrafe. Sie wurde für schuldig befunden, Staatsgeheimnisse von Belarus „an einen ausländischen Staat, eine internationale oder ausländische Organisation oder deren Vertreter weitergegeben zu haben." Was hatte sie getan?

Im November 2020 war Katerina Andreewa zusammen mit einer Kollegin des später als extremistisch eingestuften TV-Senders *Belsat* während eines Livestreams von einer Protestveranstaltung auf dem Minsker „Platz der Veränderung" festgenommen worden. Beide wurden wegen der Organisation von Aktionen zur Störung der öffentlichen Ordnung angeklagt und zu zwei Jahren Gefängnis verurteilt sowie in ein Präventivregister als Extremismusanfällige eingetragen.

„Ich habe mehr bekommen als seinerzeit Solschenizyn", scherzte Katerina traurig bei der Verkündung des neuen Urteils. Als sie die Zahl der Haftjahre hörte, lächelte sie ironisch und ertrug alles mit würdiger Gelassenheit.Tatsächlich, der Schriftsteller Alexander Solschenizyn war 1945 unter Stalin zu acht Jahren Haft verurteilt worden. Katerina hat nun durch die zweite Verurteilung acht Jahre und drei Monate.

Am folgenden Tag wurde das Urteil über Dimitri Daschkewitsch und seine Frau Nastja gesprochen. Die Staatsanwaltschaft hatte anderthalb Jahre Haft für beide wegen Teilnahme an Protesten im Jahr 2020 gefordert. Weil das Paar drei kleine Kinder hatte und Nastja das vierte erwartete, zeigte der Richter sich „gnädig“: Nastja wurde zu drei Jahren im offenen Vollzug verurteilt. Sie kann bei den Kindern bleiben, wird aber ständig überwacht. Sollte sie irgendwelche Regeln nicht einhalten, käme sie ins Gefängnis und die Kinder kämen ins Heim.

Ich bin mir darüber im Klaren, dass ich mit diesem Text selber „Staatsverrat“ begehe und dafür mit einer Haftstrafe zwischen sieben und fünfzehn Jahren rechnen muss. Ich habe Angst davor. Aber ich kann nicht anders.

Besonders jetzt, wo die Ukrainer alle Belarussen beschuldigen, Komplizen von Putin zu sein. „Von eurem Staatsgebiet fliegen Raketen auf unser Land!“ Aber uns hat niemand gefragt, ob wir unsere Militärübungsplätze der russischen Armee zur Verfügung stellen wollen. Das hat ein einziger Mensch so entschieden: Alexander Lukaschenko. Mit bloßen Händen konnten wir ihn nicht stoppen. Wir können nur Partisanenarbeit leisten, unser Leben riskieren – denn in Belarus gilt bis heute die Todesstrafe.

Odessa, 26. Juli 2022

STRANDLEBEN MIT TREIBMINEN

Tatjana Milimko

Odessa liegt am Meer. Den Menschen dort fällt es schwer, nicht mehr ans Wasser gehen zu dürfen. Auch wenn sie wissen, dass es lebensgefährlich ist.

Kürzlich war ich am Meer und wurde dort Zeugin einer Situation, die so nur in Odessa passieren kann. Auf dem heißen Sandstrand lief ein Polizist entlang. Er sah die ganze Zeit in die Ferne, so, als ob er nach jemandem Ausschau hielte. Wir sind ein neugieriges Völkchen, und ich und ein paar andere Odessiten wollten gerne wissen, wen oder was er dort eigentlich sehen wollte. Vor ein paar Wochen waren russische Kriegsschiffe am Horizont mit bloßem Auge zu erkennen. Waren sie jetzt wieder dort? Wir näherten uns langsam dem Polizisten. Und wurden Ohrenzeugen des folgenden Dialogs.

„Mädchen, kommen Sie aus dem Wasser zurück. Hier ist Baden verboten!", sagte der Polizist zu einem schwimmenden Mädchen. „Aber das Wasser hat 25 Grad", antwortet diese. „So bewältige ich schon mein ganzes Leben persönlichen Stress, ich bade im Meer. Ohne Wasser kann ich nicht leben." – „Und was ist mit den Treibminen? Sie haben sicher gehört, wie viele Leute dadurch schon umgekommen sind." – „Aber ich bin kein Mensch!", schreit das Mädchen. „Was sind Sie dann?", schreit der Polizist in gleicher Lautstärke zurück. „Ich bin ein Fischlein. Ich darf das Wasser nicht verlassen. Das ist übrigens ziemlich warm. Vielleicht tauchen Sie auch mal kurz unter?" – „Das darf ich nicht. Ich bin im Dienst. Ich beobachte feindliche Schiffe – und solche Fischlein wie Sie. Schwimm, Fischlein, schwimm. Ich warte."

Das Mädchen musste eine Geldstrafe zahlen, als sie aus dem Wasser kam. In Odessa ist es jetzt verboten, ins Meer zu hüpfen, an einigen Stränden darf man nicht einmal entlang laufen. Darauf weisen Schilder hin: „Vorsicht, Minen!“ Den Menschen jedoch, die ihr ganzes Leben am Strand verbracht haben, ist nur schwer zu erklären, dass genau das gerade sehr gefährlich ist. Odessiten gehen also trotzdem sonnenbaden oder schwimmen, in der Hoffnung, dass es schon irgendwie gut geht.

Leider geht es nicht bei allen gut. Im Gebiet Odessa gab es an den Stränden schon vier Todesfälle durch explodierende Minen. Die russischen Streitkräfte hatten die Bucht von Odessa zuvor vermint. Einige Minen wurden auch am Strand deponiert, wo sie von ukrainischen Soldaten entschärft wurden.

Polizisten sollen dafür sorgen, dass Menschen sich daran halten. Ihre Arbeit hat was von einem Angelausflug. So wie der Polizist auf das Mädchen gewartet hatte, das sich selbst als Fisch bezeichnete. Die städtische Verwaltung hat die sicheren Strandabschnitte mit einem Netz umgeben, sodass die Menschen sich dort sonnen können. Künftig soll mit Hilfe von Unterwasserdrohnen das Schwarze Meer von Minen geräumt werden. Aber bis dahin sollte man sich besser gedulden.

Ich bin 38 Jahre alt, ich wurde in Odessa geboren. Und habe mein Leben lang im Meer gebadet, ganzjährig. Es ist der erste Sommer meines Lebens, in dem ich nicht einfach an den Strand gehen kann, mein Badelaken dort ausbreiten, die Füße in den warmen Sand stecken und später kopfüber ins Meer springen kann. Aber ich gehe trotzdem ans Meer und höre den Geschichten zu, die sich dort abspielen. Solche, so scheint es mir, wie sie sich nur in meiner sonnigen Heimatstadt zutragen können.

Wenn wir siegen und dieser verdammte Krieg zu Ende geht, ist das erste, was ich tue, den Sonnenaufgang am Meer zu begrüßen. Meine Tränen werden sich mit dem Salzwasser mischen.

Awdijiwka, 27. Juli 2022

FREIWILLIG IM DONBASS GEFANGEN

Anastasia Magasowa

Viele Menschen im ukrainischen Donbass leben lieber ohne Strom in Ruinen, als ihre Heimat zu verlassen. Schuld daran ist auch russische Propaganda.

„Wer braucht uns?“ „Wo werde ich wohnen?“ „Ich habe kein Geld, um wegzufahren.“ Das sind die häufigsten Antworten von Menschen im Donbass auf die Frage, warum sie sich bisher noch nicht an sicherere Orte haben evakuieren lassen. Jeden Tag und jede Nacht werden ihre Städte von der russischen Armee bombardiert.

Schon seit einigen Monaten gibt es dort weder Wasser noch Strom, kein Gas und keine Internetverbindung. Die Menschen leben in Kellern und kochen auf offenen Feuern. Wasser holen sie aus Brunnen, manchmal auch aus Pfützen. Unter ihnen gibt es viele alte Menschen und genauso viele Kinder. Sie spielen russisches Roulette mit dem eigenen Leben: Entweder sterben sie durch Granatbeschuss oder an Hunger und Krankheit. Trotzdem gehen sie nicht weg. Und jedes Mal frage ich mich, warum. Und kann es nicht begreifen, selbst wenn ich ihre Erklärungen höre.

Die, die bleiben, haben Angst. Aber paradoxerweise fürchten sie sich weniger vor den Raketen, die über ihren Köpfen hinweg fliegen, als vor dem Unbekannten, das für sie mit der Evakuierung verbunden ist. Es scheint, dass all diese Ängste stärker sind als der Selbsterhaltungstrieb, stärker als der Wunsch, die eigenen Kinder zu schützen. „In unserem Haus schützen uns die heimischen Wände“, antworten sie oft. Oder: „Besser im Keller meines eigenen Hauses als in einer Turnhalle unter fremden Menschen.“

Es scheint, als ob das Vermeiden der alternativlosen „schrecklichen Bedingungen in den Turnhallen“ eines der am meisten verbreiteten Gerüchte unter der lokalen Bevölkerung ist. Dieses

Narrativ liest man vor allem in den anonymen lokalen Online-chats. So wie die Informationen darüber, dass auch in den EU-Ländern niemand auf die ukrainischen Flüchtlinge warte und sie von dort sogar zurück in die Ukraine geschickt würden.

Experten für Desinformation weisen darauf hin, dass dies eine der vielen Informationstechnologien der russischen Propaganda ist. Sie zielt nicht nur darauf ab, die Stimmung der Menschen im Donbass zu manipulieren, sondern auch darauf, ihre Evakuierung gezielt zu sabotieren. Gleichzeitig ändert das aber nichts am Problem, dass die Ukraine nicht über genügend eigene Kräfte verfügt, um alle Binnenflüchtlinge umzusiedeln.

Jetzt gelten alle Anstrengungen der Unterstützung der Armee. Aber die Zeit schreitet schnell voran, der Herbst rückt näher und mit ihm kommt die winterliche Kälte. Selbst wenn die Kampfhandlungen bald zu Ende wären, gibt es doch Hunderttausende Menschen, die ihre Wohnungen verloren haben und nirgendwohin zurückkehren können. Wo und unter welchen Bedingungen diese Menschen in einigen Monaten leben werden – darüber muss man bereits jetzt nachdenken.

Bischkek, 28. Juli 2022

ANGST VOR DEM GROSSEN NACHBARN

Mahinur Niyazova

Viele in den ehemaligen Sowjetrepubliken Zentralasiens schauen ängstlich auf Russland. Wer wird Putins nächstes Kriegsziel?

Nur wenige haben es bisher laut ausgesprochen, aber viele hier verstehen, dass wir nach der Ukraine als Nächstes dran sein könnten. Jetzt hört man immer häufiger: Wenn die Russen mit ihrer so genannten „Spezialoperation“ fertig sind, greifen sie als nächstes die Länder Zentralasiens an.

Die Menschen, die das verstehen, sympathisieren in jeder Hinsicht mit den Ukrainern und versuchen zu helfen. Wenn nicht materiell, dann doch wenigstens moralisch. Es wird viel über Ähnlichkeiten der Kulturen und der Mentalität gesprochen. Auch wir Kirgisen sind ein freiheitsliebendes Volk. Wir haben nicht nur mehrere Machtwechsel überstanden, wir sind es auch nicht gewohnt, unterdrückt zu leben.

Zur zentralasiatischen Region gehören fünf Staaten: Kasachstan, Kirgistan, Usbekistan, Tadschikistan und Turkmenistan. Zwischen einigen dieser „Nachbarn“ gibt es noch ungelöste Grenzprobleme. Aber seit dem 24. Februar haben vor allem die Fragen nach den Beziehungen zu Russland wieder an Bedeutung gewonnen. Als die kasachische Regierung etwa offiziell erklärte, Russlands Handeln in der Ukraine nicht zu unterstützen, waren sie die Ersten, die offene Drohungen erhielten.

Vom ersten Kriegstag an haben Experten und Politiker immer wieder gesagt, dass die heutigen Gebiete der zentralasiatischen Länder ein „Geschenk Russlands“ seien. Darüber hat man schon lange vor Kriegsbeginn gesprochen. Die Rhetorik ist also nicht neu. Aber seit Beginn der Kriegshandlungen in der Ukraine wurde sie noch verstärkt. Immer häufiger kann man jetzt Aussagen über die Wiederbelebung der Sowjetunion hören.

Angesichts der Ereignisse in Karakalpakstan, einer autonomen Republik im Westen Usbekistans (dort protestierten Anfang Juli die Menschen gegen den Verlust ihrer Autonomie nach einer Verfassungsänderung; A. d. Ü.), hat der Präsident von Belarus Alexander Lukaschenko noch einmal daran erinnert: „Zentralasien ist, wie auch wir, zwischen zwei Feuern. Auf der einen Seite die Europäer und Amerikaner, und auf der anderen China, das Zentralasien sehr stark hilft. Und dieser Kampf wird in Zentralasien stattfinden. Das können Sie sich bald anschauen."

Sind das Drohungen, Warnungen oder Hinweise? Experten schließen nicht aus, dass Lukaschenko und Putin frühere Beziehungen wiederherstellen wollen, um so die Sowjetunion wiederzubeleben. Aber nicht wirtschaftlich, sondern politisch, mit einem einzigen Territorium, ähnlich dem der UdSSR.

Und wie ein Politologe sagte: „Es ist offensichtlich, dass zwischen den Ländern Zentralasiens und Russlands eine neue Ära der Beziehungen begonnen hat. Es ist klar, dass Russland nicht vorhat, seinen Einfluss in der Region aufzugeben. Es wartet dabei auf die Unterstützung von Verbündeten. Und wenn es die nicht bekommt, wird es versuchen, diesen Einfluss mit eigener Kraft zu erzwingen."

Odessa, 3. August 2022

KARTOFFELN, KLATSCH UND KRIEG

Tatjana Milimko

Die Märkte von Odessa haben immer ihre ganz eigene Atmosphäre. Zwischen den Ständen kann man den neuesten Klatsch hören und versteht, wie die Stimmung in der Stadt ist. Nach einem der nächtlichen Raketenbeschüsse von Odessa fuhr ich auf den Markt, um, wie man bei uns sagt, „Basar zu machen". Alle Geschäfte waren geöffnet, an den Ständen gab es saisonales Obst und Gemüse, und in alten Containern, die zu Boutiquen umfunktioniert worden waren, hängten Verkäufer Kleidungsstücke auf. „Willst Du einen *Dranik*?", fragte eine Verkäuferin ihre Kollegin und hielt ihr einen kleinen Kartoffelpuffer hin, die bei uns „Dranik" genannt werden. „Ich habe schon bei Sonnenaufgang die Kartoffeln gerieben und plötzlich hat es geknallt! Aber ich hab mit aller Kraft weiter gemacht, fast den Finger mit erwischt. Und, schmeckt's?"

„Sehr! Mädchen, was wünschen Sie?", wandte sie sich dann an mich. Ich sagte, dass ich nur schaue, wünschte guten Appetit und ging weiter. Der Markt erinnerte an diesem Tag an eine Radiowerkstatt. Bei jedem Schritt erreichte einen eine neue Klangwelle. Das Thema blieb immer das gleiche. Der Krieg. Die Menschen redeten und redeten.

„Nein, nun sieh dir das an. Sie sind gekommen, um uns zu befreien. Von was denn? Vom Leben? Na, mögen sie …" – damit war ich schon mitten in einem anderen Gespräch. Dann wandte ich mich den Wassermelonen zu. Früher um diese Zeit kamen die aus Cherson. Jetzt ist die Stadt temporär besetzt. Ich wollte wissen, woher diese Früchte jetzt kommen. Darum ging ich ein bisschen näher an den Stand und las das Schild: „Wenn Sie unbedingt Wassermelonen möchten, dann nehmen Sie diese, aber sie sind importiert. Wenn Sie ein bisschen Geduld aufbringen können, dann warten Sie auf unsere einheimischen, ukrainischen. Cherson wird bald befreit."

Wir warten.

Leider gibt es Schwierigkeiten mit der Lieferung von Fisch. Bei uns gab es den früher immer fangfrisch aus dem Schwarzen Meer. Jetzt ist es nicht nur verboten, ihn dort zu fangen, man darf nicht mal ans Meer, wegen der Minen. Die Tyulka-Sardinen, kleine Schwarzmeerfische, werden jetzt aus dem Baltikum importiert. Heimische, aus den Gewässern vor Odessa, kann man nirgends mehr finden. Es fehlt uns an nichts. Einige Lebensmittel wurden durch Importprodukte ersetzt, einige kosten doppelt so viel wie früher, aber es gibt sie. Nachdem ich mich über die für Odessa strategisch wichtigen Lebensmittel – Fisch, Gemüse, Obst – informiert hatte, ging ich zu den Klamottenständen. In einem der Geschäfte erregte ein nettes Mädchen meine Aufmerksamkeit. Sie hatte etwa ein Dutzend Outfits über dem Arm, und es war klar, dass sie ungefähr die gleiche Anzahl bereits anprobiert hatte. „Machen Sie sich keinen Stress, ich versteh das alles", sagte die Verkäuferin. „Hier kommen jetzt viele, nur, um Klamotten anzuprobieren und ihre Stimmung zu heben. Mit Arbeit ist es gerade nicht so leicht, aber man will ja leben."
An diesem Tag brauchte ich nichts vom Markt. Ich wollte keine Kleider, keine Lebensmittel und auch sonst nichts. Ich wollte die Leute sehen, ihre Stimmen hören, ich wollte verstehen, dass die Menschen zur Arbeit gehen und – trotz allem – an das Gute glauben. Das ist meine Stadt – und sie lebt.

St. Petersburg, 3. August 2022

GLEICHE POMMES, ANDERER NAME

Olga Lizunkova

Wegen der Sanktionen gegen Russland heißt McDonald's in St.Petersburg jetzt „Lecker und Punkt". Aus rechtlichen Gründen gibt es nun anderes Fast Food.

„Hast du schon gehört, wie McDonald's jetzt heißt?" Die Kollegin am Nachbartisch hat gerade die Nachricht gelesen und verschluckt sich fast vor Lachen. Der neue Name kam am Vorabend der Neueröffnung. Zuerst dachte ich, das sei ein Fake. Kein Marketingexperte würde dem Namen „Lecker und Punkt" zustimmen.

Über den Namen der russischen Kette ergießt sich tonnenweise Spott und Hohn. „Lecker und Punkt" klingt nicht einfach nur lang und umständlich, sondern auch bedrohlich. Man kann nicht umhin, Angst vor einer Geldstrafe zu bekommen für die Diskreditierung einheimischen Fast Foods, wenn es einem nicht schmeckt. Das Essen ist übrigens das Gleiche geblieben. Dieselben Lieferanten, dieselbe Rezeptur, die gleichen Cheeseburger und Pommes. Und die wichtigste Botschaft der Marketing-Kampagne der neuen Kette ist dann auch: „Wir haben uns gar nicht verändert." „Der Name ändert sich, die Liebe bleibt", sagt ein Plakat.

Big Mac und Big Tasty zum Beispiel sind wegen der Soße verschwunden, auf die McDonald's ein Patent hat. Softdrinks in Bechern sind auch weg – weil es Coca-Cola in Russland nicht mehr gibt. Und das Softeis McFlurry gibt es nicht mehr, weil die russische Kette die Maschinen nicht benutzen darf, mit denen man es herstellt. Die Papierverpackung ist bislang noch ohne Aufdruck. Die Vitrine mit dem Spielzeug, das es zu den Happy Meals dazugab, ist ebenfalls noch leer. Und mit den Soßen ist es auch lustig: die Verpackungen sind dieselben wie früher, aber der Aufdruck

„McDonald's" ist auf jedem Deckel von Hand mit einem schwarzen Stift übermalt worden.

Die Preise sind nach der Wiedereröffnung ein bisschen gestiegen – ungefähr um 10 Prozent. Aber wenn man den allgemeinen Preisanstieg bei Lebensmitteln beobachtet, scheint das normal zu sein. An den ersten Tagen nach der Eröffnung einiger dieser Fastfood-Restaurants gab es lange Schlangen. Die einen hatten einfach Sehnsucht, andere waren aus Neugier gekommen. In den ersten 30 Tagen seit der Einführung der neuen Kette kamen 20 Millionen Gäste. Und dabei war bislang nur ein Drittel aller ehemaligen Restaurants wieder aufgemacht worden.

Zum Vergleich: Im Jahr 2019 hatte McDonald's in Russland täglich 1,5 Millionen Gäste. Natürlich hat die hohe Besucherzahl von „Lecker und Punkt" ihren Grund in der langjährigen Popularität von „Mäcces". Wie es dort weitergeht, wird sich zeigen. Aber eines kann man schon jetzt sicher sagen: Die Neuerungen werden noch lange für Unmut und Unzufriedenheit sorgen. Denn für Russen war McDonald's 32 Jahre lang nie ein minderwertiges Lokal. Hierher kam man nicht nur für einfaches und vertrautes Essen, sondern seltsamerweise auch für die Atmosphäre und das Gefühl, Teil der globalen Welt zu sein. Das ist natürlich Quatsch, aber irgendwie auch traurig. Und Punkt.

Riga, 4. August 2022

NEUE POETIK DES KRIEGES

Maria Bobyleva

Sehr bald nach meiner Ankunft in der lettischen Hauptstadt hörte ich von dem Buchladen „Neues Riga". Dort gab es neben Kaffee, Plakaten und Büchern in russischer Sprache eine große Auswahl an anspruchsvollen Sachbüchern und Belletristik. Ich war überrascht.

Und dachte dann: Und wenn da meine Bücher verkauft würden? 2020 erschien in Moskau mein Buch über tolerante Sprache „So sprechen wir. Beleidigende Wörter und wie man sie vermeidet". Vergangenen Herbst habe ich mit Julia, mit der ich nach Riga gekommen bin, das Buch „Poetik des Feminismus" über russischsprachige feministische Lyrik herausgebracht.

Bei Facebook habe ich später gesehen, dass der Buchladen „Neues Riga" regelmäßig Veranstaltungen macht. Der Filmkritiker Anton Dolin war eingeladen so wie auch der frühere Medienmanager Demjan Kudrjawzew, der seinen Gedichtband vorstellte. Auch in Russland gab es in Buchläden interessante Veranstaltungen, auf denen man Gleichgesinnte treffen konnte. Ich realisierte, wie sehr ich dieses literarische Leben vermisste, und schrieb an Natalia, die Mitinhaberin des Ladens.

Bald darauf trafen wir uns. Natalia erzählte mir, wie sie beschlossen hatten, das Buchgeschäft zu eröffnen, und was sich seit Kriegsbeginn im Februar dort geändert hatte. Und zwar eine ganze Menge: Auf der einen Seite sind Bücher teurer und die Beschaffungslogistik komplizierter geworden. Auf der anderen passierten aber auch viele erfreuliche Dinge: Zahlreiche bekannte Intellektuelle kamen nach Riga. Und während Buchhändlerin Natalia früher nicht einmal davon hätte träumen können, Schriftsteller aus Russland einzuladen – ist das heute plötzlich kein Problem mehr.

Im Verlauf des Gespräches vereinbarten wir, dass auch ich mein Buch über die „Poetik des Feminismus" bei ihnen vorstellen würde, sobald eine neue Lieferung unserer Bücher aus Moskau einträfe. Später war ich dann überrascht, wie dankbar alle waren, die zu meiner Lesung kamen. Fast schien es so, als ob es die russischsprachigen Rigenser nach solchen Veranstaltungen dürstete. Viele Gäste erzählten, dass es in Riga nichts Vergleichbares gebe, also überhaupt keine öffentlichen Diskussionen über Feminismus. „Wir wollen mehr davon!", riefen die Besucher unisono.

Natalia will weitere solche Veranstaltungen ins Programm aufnehmen. Sie hat realisiert, dass es davon offenbar bislang zu wenige in der Stadt gibt und auch wie groß die Nachfrage ist – etwa bei denen, die schon lange in Riga leben, genauso wie bei anderen, die erst vor Kurzem aus größeren Städten zugezogen sind und dort ein pulsierendes Kulturleben kannten.

So entwickelt sich jetzt – ganz unerwartet und quasi als Nebeneffekt des Krieges – eine kulturelle Szene rund um einen kleinen russischsprachigen Buchladen in Riga.

Jerewan, 8. August 2022

DAS MUTTERLAND WÜRGT

Sona Martirosyan

Viele russische Staatsbürger sind seit dem Krieg nach Armenien gezogen. Aber viele werden wohl bald wieder zurückkehren.

In Tbilissi, an einer reich gedeckten georgischen Tafel, auf der zwischen Chatschapuris auch ukrainische Fähnchen stehen, drehen sich alle Gespräche um eine Person: Katja, russische Staatsangehörige aus Armenien, ist für zwei Tage nach Georgien gekommen, um im Pass einen Stempel zu haben, der beweist, dass sie die armenische Grenze überschritten hat. In Armenien dürfen russische Staatsbürger ohne Registrierung nur sechs Monate am Stück bleiben. Danach müssen sie die Landesgrenze überqueren, und sei es auch nur für eine halbe Stunde.

Anfang März war Katja aus Russland nach Armenien gekommen. Mitgenommen hatte sie ihren Kater, den Krieg, Schuldgefühle und eine Depression, derentwegen sie wochenlang ihr Bett nicht verlassen konnte. Katja kommt aus dem IT-Bereich. Wenige Tage nach Beginn des Krieges beschloss sie, ihre Heimat zu verlassen, mit der sie sich nicht identifizieren konnte. Die Auswahl an Zielen war begrenzt: Armenien oder Georgien. Ein Visum für den Schengen-Raum hatte sie nicht.

„Und warum nicht Georgien?", fragen die Georgier am Tisch lächelnd, „hier ist es sicher viel besser als in Armenien. Wir haben niedrige Steuern, bessere Bedingungen für Investoren und keinen Krieg."

„Für mich ist es nirgends mehr besser. Das Einzige, was ich gerade möchte, ist Ruhe. Ich wäre gerne dort, wo man mir nicht vorwirft, Russin zu sein. Wo ich nicht am Eingang irgendwelche albernen Papiere ausfüllen muss, in denen ich versichere, mich nicht an Putins Propaganda zu beteiligen. Ich möchte, dass man mich nicht hasst. Mein Selbsthass reicht für alle", sagt Katja.

Nach dem Abendessen mache ich mich mit Katja zusammen auf den Weg nach Armenien. An der armenisch-georgischen Grenze sind viele Russen, die für den „Grenzübertritt" hergekommen sind. Der armenische Wirtschaftsminister Vahan Kerobyan sagt, dass „nach unseren Berechnungen" seit Anfang März fast 30.000 russische Staatsbürger für einen langfristigen Aufenthalt nach Jerewan gekommen sind und über 1.200 Firmen gegründet haben. Bei Armeniens Banken wurden schon mehr als 70.000 Konten von Bürgern der Russischen Föderation eröffnet.

Wie der Minister zu „unseren Berechnungen" gekommen ist, ist allerdings unklar. Zugleich hat das Statistische Komitee Armeniens erklärt, dass im ersten Quartal 2022 142.117 russische Staatsbürger nach Armenien kamen, von denen 138.111 nach einiger Zeit das Land wieder verlassen hätten. Für das zweite Quartal gibt es bislang keine Schätzungen.

Am Grenzübergang will Katja noch Zigaretten kaufen. An der Kasse holt sie gewohnheitsmäßig ihre Bankkarte heraus, aber dann fällt ihr gleich ein, dass ihre Karte ja nirgends mehr angenommen wird. Im Auto sprechen wir über Jerewan, das sich nach der Ankunft der Russen verändert hat. Ich sage, dass man in Cafés keine freien Plätze mehr findet, weil überall Russen sind. Das werde nicht mehr lange so sein, antwortet Katja. „Denkst du, dass der Krieg bald vorbei ist?", frage ich. „Nein, er wird nicht so bald vorbei sein, aber Mutter Heimat ruft! Sie werden all ihr Geld ausgegeben haben, das sie aus Russland mitbringen konnten, und dann werden sie gezwungen sein, zurückzugehen … Du kennst das Lied ‚Das Mutterland wird nicht loslassen, es selbst hat zur Welt geboren und wird selbst erwürgen'", sagt Katja.

Wladikawkas, 10. August 2022

URLAUBSFENSTER ZUR WELT

Boris Epchiev

Seit dem Beginn des Kriegs gegen die Ukraine haben die Bürger Russlands sich neue Urlaubsgebiete erschlossen. Eines davon: Nordossetien.

Der erste Kriegssommer in Russland unterscheidet sich nur in einem von allen vorherigen: Die Menschen fahren jetzt weniger ins Ausland und entscheiden sich stattdessen für einen günstigeren Urlaub im eigenen Land oder in Ländern, in die man jetzt noch fahren kann. Beliebt ist der Kaukasus.

In der Republik Nordossetien-Alanien, wo ich lebe, hat es seit Sowjetzeiten nicht mehr so viele Touristen gegeben. Sie sind überall – in der Hauptstadt Wladikawkas laufen sie in Gruppen von 10 bis 15 Leuten herum, fotografieren sich vor den Sehenswürdigkeiten. Kurz: Sie verhalten sich wie normale Touristen überall auf der Welt. Aber in den Kaukasus fährt man nicht, um in der Stadt herumzulaufen. Man kommt hierher, um sich in den Bergen zu erholen.

Die touristische Infrastruktur, die zuvor hauptsächlich auf die hiesigen Erholungssuchenden ausgerichtet war, erwies sich als unzureichend für einen derartigen Besucherstrom, weshalb die Hotelinhaber die Preise angehoben haben. Einheimische Touristen können sich den Urlaub hier darum kaum noch leisten. In Ossetien liegt das Durchschnittsgehalt bei 30.000 Rubel, umgerechnet etwa 500 Euro, eine Woche Urlaub kostet circa 20.000 Rubel pro Person. Darum trifft man in diesem Jahr mehr Touristen aus anderen Gegenden als Bewohner unserer Republik.

Aber trotz der hohen Preise gibt es nicht genügend Ferienunterkünfte. Und so nutzen Touristen aus anderen Regionen Russlands Nordossetien auch als Durchgangsort. Von hier kommt man besonders leicht nach Georgien, wo die touristische Infrastruktur um ein Vielfaches besser ist. Georgien beteiligt sich nicht an den Sanktionen gegen Russland, deshalb ist es kein Problem, dort hinzukommen. Zwei Autostunden vom Flughafen Beslan, und schon ist man in Tbilissi.

Außerdem ist wegen der großen Anzahl von Migranten aus der Russischen Föderation Georgien jetzt vermutlich das russischsprachigste Land der Welt, nach Russland. Russische Touristen können sich dort wie zu Hause fühlen. Und das, obwohl Georgien mit Russland wegen dessen Anerkennung von Südossetien und Abchasien streitet – die Georgien als seine Gebiete betrachtet.

Dass Georgien für Russland eines der wenigen Fenster zur Welt ist, zeigt sich an den oft Tausenden von Lkw die sich an der gemeinsamen Grenze stauen. Nach Kriegsbeginn hat der Güterverkehr auf der Georgischen Heerstraße, die Russland mit dem Transkaukasus verbindet, stark zugenommen: Es ist für alle angrenzenden Länder die einzig bequeme Straße (abgesehen von der durch Südossetien führenden). Allein deshalb, weil man so sanktionierte Waren, die in anderen Ländern blockiert würden, über Georgien nach Russland einführen kann.

So sind in Nordossetien die wichtigsten geostrategischen Interessen Russlands und der Wunsch der Touristen nach Erholung in den Bergen auf bizarre Weise miteinander verflochten.

Lwiw, 17. August 2022

DIE EIGENE STIMME WIEDERFINDEN

Rostyslav Averchuk

Seit Beginn des Kriegs haben Musiker in der Ukraine neue Lieder geschrieben. Diese verdrängen die englischen und russischen Songs aus den Charts.

Als mir mein Großvater Fedos einmal von seiner Kindheit in der Zeit des Zweiten Weltkriegs erzählte, erwähnte er einen interessanten Aspekt: Obwohl Millionen von Ukrainer in den Reihen der Sowjetarmee gekämpft und die Nazis aus der Ukraine verjagt hatten, gibt es darüber kein einziges Volkslied. Dabei sind die Ukrainer ein sehr gesangsfreudiges Volk.

Seine gesamte Geschichte – Kosakenzüge, Bauernaufstände, der Kampf für die Unabhängigkeit im Verlauf des 20. Jahrhunderts – spiegelt sich auch in entsprechenden Liedern wider. Aber alle bekannten Lieder über den Zweiten Weltkrieg gab es nur in russischer Sprache. Es schien, als habe ein ganzes Volk seine Stimme verloren.

Dabei lässt sich das leicht erklären. Denn das Herz des Volkes war schon unter Stalin während des Holodomor, der großen Hungersnot von 1932/33, vernichtet. Hunderttausende Ukrainer waren in sibirische Lager verschleppt worden.

Und die Elite der ukrainischsprachigen Intelligenz der 1920er und 1930er Jahre, Dichter, Theaterleute und Künstler – bekannt als „die hingerichtete Renaissance" – waren 1937 zu Tode gequält worden. Für diejenigen, die davon verschont blieben, wurde unbedingter Gehorsam gegenüber einem repressiven Staat und die russische Sprache quasi die Eintrittskarte zum Leben. Russisch wurde zur Lingua franca der Ukraine.

Lieder spiegeln immer echte Gefühle wider – aber für die war in der Sowjetunion kein Platz. Ganz anders die Situation zu Beginn des russischen Überfalls auf die Ukraine: Lieder wurden sofort die Stimme des ukrainischen Widerstands und der Empörung. Als mir in den ersten Wochen vor lauter Schreck fast das Herz aus der Brust sprang, beruhigte mich das bekannte ukrainische Lied: „Oh, roter Schneeballstrauch auf der Wiese". Es wurde vor mehr als hundert Jahren nach Motiven eines Kosakenlieds aus dem 17. Jahrhundert geschrieben, handelt vom Unglück der Ukraine und vergleicht sie mit einem geknickten „roten Schneeballstrauch", einem der Symbole des Landes.

Das Lied verspricht, dass die Ukrainer alles tun werden, um den Schneeballstrauch, also die Ukraine, wieder „aufzurichten" und „aufzumuntern". Der Erste, der dieses Lied neu interpretierte, war der bekannte Sänger Andrij Chlivnjuk von der Gruppe Boombox, der wie viele andere Künstler mit dem Kriegsbeginn das Mikrofon gegen eine Waffe eingetauscht hat. In verschiedenen Fassungen, darunter eine Bearbeitung von Pink Floyd, kann man das Lied auf *YouTube*, im Radio und durch viele geöffnete Autofenster hören.

Jetzt gibt es Hunderte verschiedener Interpreten, die eigene Lieder über die aktuellen Ereignisse machen. Zum ersten Mal seit vielen Jahren haben sie englisch- und russischsprachige Lieder von den ersten Plätzen der Charts verdrängt. Die Ukrainer haben ihre Stimme wiedergefunden.

DIE AUTOR:INNEN

Rostyslav Averchuk
Jahrgang 1988. Hat Finanzwirtschaft und Politik in Lwiw und Oxford studiert. Arbeitet in Lwiw als freier Journalist, Dolmetscher sowie Experte für Politik und Wirtschaft, unter anderem für die spanische Nachrichtenagentur EFE.

Alexandr Babakov
Jahrgang 1999. Er hat Chemie in Kyjiw studiert, lebt in Lwiw, schreibt als freier Autor und arbeitet als Springer für lokale und internationale Medien vor Ort.

Xenia Babich
1986 in Sewastopol (Krim) geboren. Studierte Journalistik in Moskau und war Redakteurin bei der russischen Zeitung *Argumenty i Fakty*, bei der Onlineagentur *PublicPost*. Seit 2016 arbeitet sie bei der Menschenrechtsorganisation „Rechtsinitiative" (Justice Initiative), die seit Dezember 2019 als „Ausländischer Agent" gilt.

Alla Bjuk
Jahrgang 1987. Sie lebt in der Stadt Komrat, in Gagausien, einem autonomen Gebiet im Süden der Republik Moldau. Stellvertretende Chefredakteurin der Zeitung *Nachrichten Gagausiens*.

Janka Belarus
Belarussische Journalistin, lebt in Minsk. Ihre Beiträge erscheinen unter Pseudonym. Nach den Wahlen 2020 in Belarus haben Janka Belarus und Olga Deksnis in der taz-Kolumne „Notizen aus Belarus" über das Land berichtet.

Maria Bobyleva
Sie wurde 1981 in Tjumen (Russland) geboren. Studierte Internationalen Journalismus am Moskauer Institut für Internationale Beziehungen (MGIMO). Seit 2016 arbeitet sie bei der unabhängi-

gen russischen Webseite *Takie Dela*. Autorin mehrerer Bücher – unter anderem über feministische Poesie. Sie lebt zurzeit im Exil in Riga (Lettland).

Olga Deksnis
Jahrgang 1986. Belarussische Journalistin, hat für die *Komsomolskaya Pravda* (Belarus) und die unabhängige Webseite *Tut.by* geschrieben. Nachdem 2021 ihre Kolleg:innen von *Tut.by* in Isolationszentren gebracht wurden oder unter Hausarrest gestellt wurden, zog Deksnis nach Batumi (Georgien). Arbeitet dort für die Stiftung „Belarus Solidarity Foundation" (BYSOL).

Boris Epchiev
Ist Journalist und lebt in Wladikawkas, der Hauptstadt Nordossetiens im Kaukasus. Er schreibt unter einem Pseudonym.

Sandro Gvindadze
Jahrgang 1991. Er wohnt in Tbilissi (Georgien). Studierte Journalismus und Kommunikationswissenschaft und arbeitet bei dem georgischen Dienst von *Radio Free Europe/Radio Liberty* in Tbilissi. Er berichtet über Menschenrechte und digitale Sicherheit.

Roman Huba
Geboren 1993 in der Region Donezk in der Ostukraine. Er studierte Philologie im Donbas und Journalismus in Lwiw. Im Frühjahr 2014 musste er wegen der Verfolgung durch die „Volksrepublik Donezk" aus der Region Donezk fliehen. Lebt seit 2016 in Kyjiw und schreibt für die ukrainischen Medien *Zaborona* und *Commons*.

Olga Lizunkova
Jahrgang 1989. Sie lebt und arbeitet in St. Petersburg. Hat dort Journalistik studiert und war für unterschiedliche russische Fernsehsender als Korrespondentin unterwegs. Heute arbeitet sie als Szenaristin und Videoproduzentin.

Anastasia Magasowa

Geboren 1989 auf der Krim (Ukraine) und dort aufgewachsen. Studierte Philologie und Journalismus an der Universität Simferopol. Derzeit Mastergang für Osteuropastudien an der FU Berlin. Seit 2013 freie Autorin der *taz.*

Sona Martirosyan

Jahrgang 1986. Lebt und arbeitet in Jerewan (Armenien). Schreibt als freie Autorin für armenische Online-Zeitungen und ist Dozentin an der Fakultät für Journalistik der Staatlichen Universität Jerewan, an der sie auch ihr Studium absolviert hat.

Tatjana Milimko

Jahrgang 1983. Kulturjournalistin. Sie ist Chefredakteurin des ukrainischen Nachrichtendienstes *USI.online.* Mutter von zwei Kinder, lebt und arbeitet in Odessa. Sie schreibt Gedichte und singt auf Spendenkonzerten in ihrer Heimatstadt.

Mahinur Niyazova

Jahrgang 1981. Sie lebt und arbeitet in Bischkek (Kirgistan) und ist stellvertretende Chefredakteurin des Nachrichtenportals *24.kg*

Alexey Schischkin

Geboren 1990, hat Publizistik in St. Petersburg, Leipzig und Hamburg studiert. War Journalist beim Petersburger unabhängigen russischen Nachrichtenportal *Bumaga*, das von der russischen Zensur gesperrt wurde. Wohnt im Exil in der estnischen Hauptstadt Tallinn. Dort arbeitet er unter anderem für die estnische Zeitung *Delovye Vedomosti.*

DANK

Tigran Petrosyan

Ein großer Dank geht an Konny Gellenbeck, Vorstand der taz Panter Stiftung. Ohne ihre große Einsatzbereitschaft und ihr persönliches Engagement wäre dieses Projekt nicht möglich gewesen.

Dasselbe gilt für die zahlreichen Spender:innen, deren finanzielle Unterstützung nicht nur ein wichtiges Zeichen der Solidarität ist, sondern auch das Alltagsleben der beteiligten Autor:innen zumindest ein wenig erleichtert.

Barbara Oertel, Co-Chefin der Auslandsredaktion der *taz* mit dem Schwerpunkt Osteuropa hat im Hintergrund die Fäden gezogen und dem Projekt stets mit Rat und Tat zur Seite gestanden.

An Gaby Coldewey geht ebenfalls ein besonderer Dank für ihre sorgfältige Übersetzung der Tagebücher vom Russischen ins Deutsche.

Der vorliegende Band versammelt Tagebücher, die von März bis Mitte August 2022 in der *taz* veröffentlicht wurden – gedruckt und online. Ein großes Dankeschön auch dem Verlag *edition.*fotoTAPETA, der die Veröffentlichung als Buch ermöglicht hat.

Das Projekt geht weiter – mit neuen Blickwinkeln und Perspektiven, verbunden mit der Hoffnung, dass dieser Krieg bald endet.

Die Texte dieser *edition*.fotoTAPETA_*Flugschrift* sind seit Frühjahr 2022 als Kolumnen in der *taz* erschienen. Die Reihe ist ein Projekt der taz Panter Stiftung, herausgegeben von Tigran Petrosyan. Die Beiträge wurden, wenn nicht anders angegeben, von Gaby Coldewey übersetzt. Einnahmen aus diesem Buch fließen an die taz Panter Stiftung für ihre Osteuropa-Projekte.

ISBN 978-3-949262-21-0

Umschlaggestaltung: Norbert Lauterbach, Berlin
Satz und Gestaltung: Norbert Lauterbach, Berlin

Druck: bookpress.eu, Olsztyn

Gesetzt aus der Mignon und der Frutiger